Susanne Wiedmann, 1970 in Tübingen geboren, studierte Kunstgeschichte und Romanistik, arbeitete als Kulturjournalistin für den Südwestrundfunk, seit 2005 Redakteurin des Schwäbischen Tagblatts in Tübingen, schreibt Porträts und Reportagen, 2019 ausgezeichnet von der Akademie der Bayerischen Presse mit dem zweiten Preis in der Kategorie Reportage. Bei Klöpfer & Meyer erschien 2015 ihr erfolgreiches Buch *Georgette Tsinguirides. Ein Leben für John Cranko und das Stuttgarter Ballett.*

Susanne Wiedmann

Cranko, Haydée – und ich, George Bailey

Biografie

KRÖNER EDITION KLÖPFER

Susanne Wiedmann
Cranko, Haydée – und ich, George Bailey
Biografie

1. Auflage in der Edition Klöpfer
Stuttgart, Kröner 2021
ISBN: 978-3-520-75801-9

Umschlaggestaltung: Denis Krnjaić
unter Verwendung eines Fotos von Roman Novitzky

Klimaneutral
Druckprodukt
ClimatePartner.com/12514-2110-1006

Gesamtherstellung: Friedrich Pustet Regensburg

»One of the happiest moments in my life was,
when I met you and you joined the Stuttgart Ballet.«

Marcia Haydée an George Bailey

1.

»Oh George, by the way …«, ruft Ballettintendant Tamas Detrich. Auf dem Weg von der John-Cranko-Schule zum Stuttgarter Opernhaus läuft ihm zufällig George Bailey entgegen. »*Die Kameliendame* kommt zurück. Hast du Lust?« George Bailey hat immer Lust, auf der Bühne zu stehen. Da muss er gar nicht überlegen. »Ja, klar«, sagt er und erhält wenige Tage später seinen Probenplan. Bald soll es losgehen. George Bailey als Assistent des Auktionators, wie schon bei der umjubelten Uraufführung durch das *Stuttgarter Ballett* am 4. November 1978.

Genau 42 Jahre später, Anfang November 2020: Das Kulturleben liegt darnieder, gelähmt von den Restriktionen der Corona-Pandemie. Einen ersten Aufbruch verspricht der Spielplan: Zwölf Vorstellungen der *Kameliendame* sind geplant. Premiere am 16 Januar 2021.

Als John Neumeier einst das Handlungsballett choreografierte, begleitete Pianist George Bailey jede Probe, vom ersten bis zum letzten Schritt. Aber er spielte nicht nur Klavier. In seiner Partitur notierte er akribisch, welche Bewegungen die Tänzerinnen und Tänzer einstudierten: *Soutenu*, *Arabesque*, *Développé*, *Jeté lift around*, *Port de bras*. Und was wann im Stück passierte: *Marcia enters* oder *She hugs him*. Manchmal sogar Neumeiers Gedanken.

Niemals hätte Bailey nur auf seinen Einsatz gewartet, bis man ihn aufforderte: *Play it again!* »George war jemand, der wusste, wo ich aufgehört hatte, vielleicht sogar, wo ich hinwollte, wo ich Zweifel hatte und wo es nicht so gut lief. Und das mit einer ständigen positiven Ausstrahlung«, erinnert sich John Neumeier, Intendant und Chefchoreograf des *Hamburg Ballett*. Bailey war Teil der Produktion. Und immer bestens vorbereitet. Marcia Haydée, damals Primaballerina und Stuttgarter Ballettdirektorin, hat das bis heute nicht vergessen: »George war der Lieblingspianist von John Neumeier. Er hat immer gesagt, wenn er in Hamburg mit seiner Kompanie choreografiert, fehlt ihm George.« Und dem französischen Choreografen Maurice Béjart ging es nicht anders. Wenn er in Stuttgart probte, wollte er nur mit George Bailey als Pianisten arbeiten. Marcia Haydée kann das erklären: »George hat die besondere Fähigkeit, zu verstehen, was die Choreografen wollen.« Aber da war noch mehr: Seine theatralische Ausstrahlung und sein schauspielerisches Talent inspirierten sie dazu, eigene Rollen für ihn zu kreieren, George Bailey vom Ballettsaal auf die Bühne zu holen. »Marcia, ich will deinen Pianisten«, sagte 1983 Béjart, als er *Gaîté Parisienne* in Stuttgart einstudierte. Dass Bailey ein Künstler ist, der auf die Bühne gehört, hatte bereits John Cranko erkannt: »George, ich möchte, dass du bei *Schwanensee* mitmachst.«

Der legendäre Choreograf und Gründer des *Stuttgarter Balletts* hatte George Bailey 1972 engagiert. Obwohl er kein klassisch ausgebildeter Pianist und kein Korrepetitor war, obwohl er zum Vorspiel das falsche Klavierkonzert mitgebracht hatte – und es noch nicht einmal spielen konnte. Doch wie und was er spielte, das gefiel Cranko: statt Klassik lieber Jazz und amerikanische Traditionals.

Im harten Trainingsalltag schuf George Bailey eine einzigartige Atmosphäre. Wenn die Tänzerinnen und Tänzer müde waren oder von Schmerzen geplagt, wenn sie ihre Körper an die Grenzen brachten und darüber hinaus, wusste Bailey, was zu tun war. Aus seiner Musik schöpften sie Kraft, mit seiner

Leichtigkeit hielt er sie bei Laune. »Ich habe gewusst, ich spiele mit Herz. Und wenn ich mit Herz spiele, spüren sie das.« Friedemann Vogel, Erster Solist des *Stuttgarter Balletts*, bestätigt das: »Sein Charakter spiegelt sich in seiner Kunst. Wenn George im Training war, war das immer Musik, die das Herz berührte. Das hat es definitiv leichter gemacht.« Auch dieses prägnante Lachen: »George lacht und kichert und ist immer gut drauf. Ich kenne niemanden, der so ist wie George. So Menschen braucht man, so einzigartige Menschen.«

Die Erste Solistin Alicia Amatriain sagt: »Das Training ist das Frühstück der Tänzer. Und wenn man ein schlechtes Frühstück hat, geht alles in die falsche Richtung.« Aber nicht, wenn der Tag mit George Bailey begann.

Über 40 Jahre lang begleitete der Pianist Training und Proben der Kompanie mit dem Klavier und seinem unnachahmlichen Spirit. Baileys Leben beim *Stuttgarter Ballett* hatte gerade erst begonnen, als Crankos Zeit mit seinem Tod im Juni 1973 viel zu früh endete. Doch die Karriere des Amerikaners ging weiter: »Sie waren Stars, aber sie haben an mich geglaubt.« Als Marica Haydée 1976 zur Ballettdirektorin aufstieg, förderte sie George Bailey. Damals fing er sogar an, selbst kleine Stücke zu choreografieren. Und er seinerseits unterstützte Marcia Haydée musikalisch, als sie ihr Handlungsballett *Giselle und die Wilis* schuf – samt einer Rolle für ihren Pianisten. »George ist ein ganz besonderer Mensch. Er wusste genau, wie es mir ging, gut oder schlecht. Und all die Jahre, die George bei uns war, hatte er nicht einen Tag schlechte Laune. Nie.«

1944 wurde George Bailey in Denver in eine Musikerfamilie hineingeboren. Sein Großvater mütterlicherseits war Violinist, Komponist und Arrangeur und der erste afroamerikanische Musiker in Denver mit einem eigenen Orchester. Von seiner Mutter, einer studierten Pianistin, erhielt George Bailey Klavierunterricht, bevor er an der *University of Denver* Kunst und Musik zu studieren begann. Nach dem Militärdienst bei der

US-Army in Heidelberg, als Pianist des *7th Army Soldiers Chorus*, arbeitete Bailey in der Modebranche, bis ihn John Cranko ans *Stuttgarter Ballett* holte. Da war Bailey 28 Jahre alt. Alles kein Zufall, meint Marcia Haydée: »Es gibt keinen Zufall. Das sollte so sein.« Sie ist froh, dass sie sich schon aus Stuttgart verabschiedet hatte, als George Bailey 2013 in Rente ging: »Georges letzten Tag am Theater hätte ich nicht erleben wollen. Er ist ein Teil des *Stuttgarter Balletts*. Ein sehr wichtiger Teil. George hat nicht nur Klavier gespielt. Er hat uns verstanden. Er hat uns Kraft gegeben.«

Nebenbei und nebenan, in direkter Nachbarschaft des Opernhauses, hat George Bailey fast 30 Jahre lang als beliebter Musiker und Entertainer zu *George's Christmas Party* ins Neue Schloss eingeladen. Mit seinem Trio spielt er im *Logo-Bistro*. Und seine Weihnachtskonzerte im *Wilhelma-Theater* sind immer ausverkauft.

Obwohl George Bailey als Korrepetitor an den Staatstheatern aufgehört hatte, kehrte er in der Spielzeit 2018/19 auf die Bühne des Opernhauses zurück, für zehn Vorstellungen, als das *Stuttgarter Ballett* den 40. Geburtstag der *Kameliendame* feierte. Auch damals hatte Tamas Detrich gefragt: »Hast du Lust?« Für den Ballettintendanten war das selbstverständlich; für ihn gehört George Bailey zur *Kameliendame*, so kennt er das Stück schon seit der Uraufführung von 1978. Da war Detrich erst 19 Jahre alt, aber schon mit einer Solorolle betraut. Er war eingesprungen, weil sich ein Erster Solist vor der Generalprobe einen Becher heißen Tee übers Trikot gekippt und sich die Haut verbrannt hatte. »Solange George Lust hat, möchte ich auf jeden Fall, dass er das nochmal macht. Ich tue das nicht für George. Ich tue das, weil ich das auch brauche.« Und für die Kompanie sei es ebenfalls schön, wenn er dabei sei. »Unbedingt«, sagt Friedemann Vogel. »Man muss auch Traditionen beibehalten. Man muss in die Zukunft blicken, aber man darf die Geschichte nicht vergessen.«

George Bailey, wie man ihn kennt: gut gelaunt, warmherzig und witzig

Für Vorfreude bleibt nicht viel Zeit. Noch im November 2020 steigen die Infektionszahlen steil an. Bald steht fest, *Die Kameliendame* kann im Januar nicht auf die Bühne gebracht werden, März wäre besser oder vielleicht noch später. Am 8. Dezember dann das abrupte Ende: Tamas Detrich tritt in der Online-Pressekonferenz vor die Kamera: »Es ist abgesagt, wir tanzen keine *Kameliendame*, ich habe mit John Neumeier gesprochen. Es geht nicht. *Safety comes first.* Er war traurig, enttäuscht, so wie ich.« Das sei ein harter Vormittag gewesen, erklärt Detrich, als er vor die Kompanie getreten sei, um ihr zu sagen, dass sie in dieser Spielzeit keine *Kameliendame* tanzen würde. »Traurig«, sagt auch George Bailey. Für ihn war's das aber schon. Einfach loslassen. Mit einem Lächeln kommt er weiter. Oder mit einem Lied. Die Musik haben sein Großvater und seine Mutter in sein Leben gebracht. »Ohne Musik wäre mein Leben nie so vollständig gewesen. *Don't Worry, Be Happy* ist doch ein *magical song.*«

Wann immer Tamas Detrich ein Lied hört, das auch George Bailey gespielt hat, muss er an ihn denken. Und er hat viele Lieder gespielt. Am Morgen wehten seine Melodien vom Ballettsaal in die Flure hinaus. »George ist eine wunderbare Person«, sagt Detrich. »Bevor der Tag angefangen hat, hat man George gehört. Das hat mir sehr viel gegeben. Er hat die Wärme gebracht, wenn es kalt war draußen.« Andere Pianisten kommen erst kurz vor dem Training in den Ballettsaal, aber Bailey war mindestens eine halbe Stunde vorher da: »Jetzt ist es still, bis ich in den Ballettsaal gehe und das Training mit *Demi Plié* beginnt. Erst dann höre ich Musik.«

Doch wenn er morgens zwischen Opernhaus und John-Cranko-Schule unterwegs ist, hört Tamas Detrich wieder diese Töne, die ihm so vertraut sind: Im Café-Restaurant *Fresko* spielt nach seiner Joggingrunde George Bailey am Flügel, wie er früher im Ballettsaal spielte. »Ich gehe jetzt immer am *Fresko* vorbei und hoffe, dass George da ist«, sagt Detrich. »Es ist dann, als ob die Vergangenheit zurückkommt.«

2.

Hätte seine Mutter es nicht oft genug erzählt, George Bailey würde nicht glauben, wie winzig er einmal war. »Und jetzt?« Er schaut an sich hinunter und lacht. »Ein pralles Luftschiff.« Zu früh und zu klein wurde er am 15. April 1944 geboren, an einem Samstagvormittag, um 11.15 Uhr, im *Fitzsimons General Hospital Denver*. Verzweifelt rief seine Mutter ihre Mutter an: »Mama, ich weiß nicht, was ich mit diesem Baby machen soll. Es ist so klein!« Und die Mutter riet: »Trag's auf einem Kissen.«

Nur 15 Monate zuvor war sein Bruder James Otis auf die Welt gekommen, im selben Militärkrankenhaus, weil der Vater, James Thomas Bailey, damals Erster Sergeant bei der US-Army war. Anders als George war James Otis ein *big baby* gewesen. In der Klinik hatten sie ihn Joe Louis genannt – nach dem amerikanischen Schwergewichtsboxweltmeister. George Bailey sagt: »Ich

»*Our second born*«: George Bailey mit fünf Monaten, 1944

war eine schnelle Geburt. Plumps. Das hatte Vorteile. Meine Mutter musste nicht leiden.«

Die Eltern gaben ihm den Namen seines Großvaters, als ersten und zweiten Vornamen: George Morrison. Zu Anfang lebte die junge Familie im Haus der Großeltern, einem stattlichen Backsteingebäude mit weitläufigem Garten in der Gilpin Street. Im Wohnzimmer ein Steinway-Flügel, Spiegelschrank und Fernseher, an den Wänden Großmutters Gemälde, an der Decke ein Kronleuchter, über dem Sofa eine Plastikfolie. Nur wenn Gäste kamen, packte Großmutter sie weg. Einmal im Jahr ließ sie den Kronleuchter auf den Boden herunter. Dann polierten James Otis und George die Kristalle. »Das war unser Job«, sagt George Bailey. Heute wundert er sich: Offenbar war sie nicht besorgt, dass die Kinderhände etwas kaputtmachen könnten.

Marian Morrison Bailey mit ihren Söhnen George (links) und James Otis, 1944

Gerade ein Jahr alt, drückte George schon die Tasten des Klaviers. 1945 mit seinem älteren Bruder James Otis

James Otis und George riefen die Großeltern *Big Car Mama* und *Big Car Daddy*, weil ihr Auto größer war als das der Eltern. Später verschwand das Fahrzeug aus den Kosenamen, es blieben Big Mama und Big Daddy. Sie waren herzlich, zugewandt und sanft. »Wir liebten sie sehr. Und sie liebten uns«, erinnert sich George Bailey. »Sie haben uns schrecklich verwöhnt.«

Wenn der Großvater nicht gerade Gastspiele mit seinem Orchester hatte oder Geigenunterricht gab, saß er in seinem Studio im Untergeschoss oder im Wohnzimmer und übte, arrangierte und komponierte. Dazu stieg er in seine Arbeitsklamotte, eine gestreifte Latzhose von Oshkosh. Er trug sie auch, wenn er im Garten beschäftigt war. Aber das Grundstück verließ er nie ohne Anzug, Krawatte, elegante Schuhe – und meist mit Hut. Jedes Jahr an Ostern wurden die Brüder wie Zwillinge gekleidet, die Großeltern schenkten den Enkeln neue Anzüge, Fliegen, und was nicht fehlen durfte: weiße Schuhe. »Nicht schmutzig machen!«, ermahnte die Mutter ihre Söhne. Weiße Schuhe waren ihr Stolz.

George war fünf Jahre alt, als er Klavier spielen wollte. Wahrscheinlich, weil er jeden Tag die Melodien seiner Mutter,

Marian Morrison Bailey, hörte. Aber da gab es ein Problem: George wollte nur spielen, nicht üben. Lieber vertrieb er sich die Zeit mit seinen Cousinen Vicki Jean und Trudi Michelle. Seine Mutter drängte ihn nicht, sie sagte nur: »Gut, dann lassen wir das. Du sagst, wenn du wieder beginnen möchtest.« Zwei Wochen später schmiegte sich George an sie: »Können wir Klavier spielen?« Und diesmal versprach er, fleißig zu üben. »Eine kluge Mama, eine kluge Frau«, sagt er im Rückblick. »Damals habe ich gemeint, es war meine Entscheidung, aber nur durch ihre liebevolle Entschlossenheit bin ich weitergekommen.« Von da an saß er jeden Tag am Klavier. Und er ist dankbar, dass ihn seine Mutter beharrlich begleitete. Streng, geduldig und nie zu hart in ihrem Urteil. Er war kein gedrilltes Musikerkind, aber wann immer er einen falschen Ton gespielt oder eine Note übersehen hatte, merkte sie es und rief: »Das war falsch!« Oder: »Du hast was vergessen!« Einfach war es nicht, die Mutter als Lehrerin zu haben.

Sonntags ging es in die Kirche, in die *Shorter Community African Methodist Episcopal (AME) Church*. Der Großvater begleitete die Gottesdienste auf der Geige, die Mutter an der Orgel. Und kein Weihnachten ohne Händels *Messias*, daran war die ganze Familie beteiligt, auch Onkel George junior, Mutters jüngerer Bruder, und James Otis mit ihren Geigen. Als George alt genug war, spielte er Klavier, Cousine Vicki sang im Kirchenchor, Trudi strich den Kontrabass. Großmutter, Tante Marjorie und der Vater saßen als Groupies im Publikum. Einmal im Jahr führte Marian Morrison Bailey außerdem mit ihren Klavierschülern *Recitals* auf. In seiner Kindheit war George immer dabei. Und um Spenden für die Kirche zu sammeln, inszenierten sie ab und zu das Stück *The Tom Thumb Wedding*, mit George als Bräutigam eines Mädchens namens Helen.

Kirche und Glaube gehörten fest zum Alltag der Familie. Vor jeder Mahlzeit musste gebetet werden. George Bailey hat das sein Leben lang beibehalten. Nur Dauer und Geschwindigkeit variieren: Wenn der Hunger groß ist, kann so ein Gebet rasend schnell vorbei sein.

Vom Haus der Großeltern zog die junge Familie zunächst zusammen mit Tante Marjorie, Onkel George junior, Trudi und Vicki in ein Doppelhaus im Osten von Denver, eine Gegend, in der vorwiegend Afroamerikaner und Latinos lebten. Nach kurzer Zeit wechselten die Baileys nach South Denver,

The Tom Thumb Wedding: eine Inszenierung, um Spenden für die Kirche zu sammeln. James Otis und George (Zweiter von links) als Bräutigame. Georges Braut ist Helen, das Mädchen mit dem Schleier.

in eine ausschließlich weiße Nachbarschaft. In der Grundschule gab es nur drei farbige Kinder: James Otis, George und ein Mädchen, das Evelyn hieß. »Am Anfang waren wir nicht so integriert. Das war ein bisschen schwierig. Für meinen Bruder noch schwieriger als für mich, weil er dunkler war.« Aber bald seien sie akzeptiert worden. »Wir hatten Glück. Anders als in den 20er Jahren meine Großeltern.« Schule machte ihm Spaß. Und er war ein guter Schüler. Die Lehrer waren überaus zufrieden mit seiner Leistung. Allein, George kichere zu oft im Unterricht.

In der Schule hatte es sich herumgesprochen: George war der Junge mit den Schleifen. Den Mädchen könne ein schönes Accessoire nicht schaden, fand er: »*A little Pfiff*«. Passend zu den Farben, die sie am Morgen in der Schule getragen hatten, kaufte er am Nachmittag Samtbändel und Haarklemmen, band Schleifen und nähte die Klemmen daran, damit die Mädchen sie sich ins Haar stecken konnten. In kleinen Schachteln trug er die Schleifen in die Schule und verkaufte sie in den Pausen. Nicht, dass sie teuer gewesen wären, es war eher ein Geschenk. Den Mädchen gefielen die Schleifen. Und George gefiel, wenn die Mädchen schön aussahen.

Seine Cousinen beschenkte er ebenfalls mit Haarschmuck. »Ich habe sogar noch zwei seiner Schleifen«, sagt Trudi Morrison-Davis. Nach über sechzig Jahren. Die möchte sie ihrer Großnichte Zoe vererben. »George hat es genossen, uns aufzumotzen«, erinnert sie sich. »Als wir einmal zusammen im Schwimmbad waren und aus dem Becken stiegen, standen unsere Haare in alle Richtungen ab. George fragte eine Frau, Mrs Overland, die sich gerade um ihr Kind kümmerte, ob sie einen Kamm, Klammern oder Gummibänder habe, um unsere Haare zu bändigen. Sie antwortete: ›Ich habe eine Schere.‹ Da winkte George ab.«

Auch die Haare seiner Mutter bürstete und toupierte er und bearbeitete sie mit dem Glätteisen »Meine Mama war immer picobello. Sie hatte wunderschöne Haare. Ich liebte es, sie zu stylen.« Nie hatten sie darüber gesprochen und nie hatte sie ihn wie ein Mädchen behandelt, aber George hatte trotzdem das Gefühl, seine Mutter hätte sich als zweites Kind eine Tochter gewünscht. »Deshalb habe ich so viele Sachen mit ihr gemacht. Ich wollte nicht, dass sie unglücklich ist, weil ich ein Junge bin. Ich wollte, dass sie glücklich ist.«

Eine Zeitlang trugen die Brüder vor Schulbeginn die Zeitung aus, frühmorgens fuhren sie mit ihren Fahrrädern durchs Viertel. »Ich habe die Einsamkeit genossen, und den Morgentau.« An den Wochenenden half ihnen Daddy mit dem Auto. Die Zeitungen waren dann dicker und schwerer, zu schwer, um sie auf die Räder zu packen. Mit ihrem Vater verbrachten die Brüder ansonsten wenig Zeit. Solange er noch beim Militär arbeitete, war er nur selten zu Hause. Aber ab und zu lud er sie zum Baseball oder in den Zirkus ein.

Oft spurteten George und James Otis auf Roller Skates über die Gehwege und durch musikbeschallte Skateparks. Im Winter kurvten sie mit ihren jüngeren Cousinen über die Schlittschuhbahn. Und sie vergnügten sich in Freizeitparks. George und Trudi fuhren zusammen Achterbahn: »Als die Fahrt ihren Höhepunkt erreichte und ich die amerikanische Flagge sah, wurde ich ohnmächtig. Mein schlaffer Körper lag Georgie für die Dauer der Fahrt zu Füßen. Irgendwie schaffte er es, dass ich nicht aus dem Wagen fiel.« Als die Brüder Teenager waren, schenkten ihnen die Eltern Vespa-Roller, einen blauen für James Otis, einen mintgrünen für George. Damit brausten sie durchs Quartier, hintendrauf die Cousinen, ihre Arme eng um die Taillen der Jungs geschlungen.

Während James Otis sich lieber im Garten aufhielt, blieb George im Haus, um mit seiner Mutter zu putzen – und *Cookies* zu backen. Er füllte sie in Tüten, schrieb »*George's Cookies*« drauf, und James Otis lieferte sie aus: an Freunde, Verwandte und Nachbarn. Trudi Morrison-Davis erinnert sich an »den unglaublichen Geruch und Geschmack seiner selbstgebackenen *Cookies*«. Noch heute backt er *Chocolate Chip Cookies*, *Brown Sugar Drops*, *Pine Butter Cookies*, steckt sie in Cellophantüten, packt diese in Papiertütchen mit Henkel, postkartengroß und pastellfarben, um sie zu verschenken. Und selbst greift er auch zu.

George und James Otis standen sich nahe und waren doch sehr verschieden. George nannte James Otis immerzu *Brother*. »Mein Eindruck war«, sagt Vicki Morrison-Sloan, »dass George seinen großen Bruder anhimmelte. George war begabter, lernte in der Schule schneller, James Otis war langsamer, weniger talentiert und schwächer. Das veranlasste George dazu, ihn beschützen zu wollen und darauf zu achten, nichts zu tun, was ihn in den Schatten stellen oder seine Gefühle verletzen könnte.« Einmal überholte George seinen Bruder bei einem Wettrennen: »Das beunruhigte George wirklich. Und er zeigte nie wieder seine athletischen Fähigkeiten, weil dies der einzige Bereich war, in dem sich sein Bruder hervorgetan hatte.« Aber George Bailey sagt, sein Bruder sei ein guter Schwimmer und Athlet gewesen, seine herausragende Disziplin in der Leichtathletik war der 100-Yards-Sprint.

Trotz alledem blieben die üblichen Kämpfe zwischen Jungs nicht aus: Einmal schoss George James Otis mit dem Schnipsgummi eine Krampe zwischen die Augen. Dann wieder sperrte James Otis George aus dem Haus aus, woraufhin dieser so lange gegen die Tür drückte, bis die Glasscheibe zersprang und er sich am Handgelenk verletzte. Doch wenn ihre Mutter Klavierschüler erwartete, musste damit Schluss sein. Und was die Eltern anordneten, befolgten die Kinder: »Wir sagten: *Yes Mum, yes Sir.* Ernsthaft! So bin ich aufgewachsen.« Nie hätte er als Kind seinen Eltern widersprochen. »Etikette war ein Muss in unserem Haus.« Die Mutter lehrte sie gute Manieren, Höflichkeit und Respekt: »Sie nahmen uns mit in feine Restaurants, damit wir lernten, wie man sich benimmt, richtig isst, sich unterhält, mit Augenkontakt, aber ohne Kaugummi – und ohne Slang.« Und sie untersagte ihren Söhnen, zu fluchen, auch wenn die Schulkameraden dies täten. »Meine Mutter hat immer gesagt: Du begibst dich nicht auf dieses Niveau. Du bleibst auf deinem Level!«

Meist nannte er sie gar nicht *Mum*, sondern *Honeybunch* – ›*Honigbündel*‹. Das war der Kosename, den James Thomas Bailey seiner Frau gegeben hatte. Und die Kinder übernahmen ihn.

Ihre Eltern hatten sich an der *University of Denver* kennengelernt, wo Georges Mutter Musik, sein Vater Mathematik studiert hatte. Beide hatten die High School mit so guten Noten abgeschlossen, dass sie Stipendien für ein Universitätsstudium erhielten. »Damals studierten nur wenige Farbige«, erklärt George Bailey. »Es war teuer, kaum jemand konnte sich das leisten.« Und noch etwas kam hinzu: Anfang des 20. Jahrhunderts waren afroamerikanische Frauen an den meisten Universitäten

Marian Morrison und James Thomas Bailey, Georges Eltern

in den USA gar nicht zugelassen. Anders an der *University of Denver*, wo 1908 die erste schwarze Frau ihren Abschluss machte. In einer Ausstellung von 2019 zu den ersten schwarzen Studentinnen an der Universität war auch Georges Mutter, Marian Morrison, zu sehen. 1940 beendete sie ihr Studium mit einem Masterabschluss. Fast alle Absolventinnen wurden Lehrerinnen, aber fast alle mussten Colorado verlassen, um öffentliche Schulen zu finden, die schwarze Lehrerinnen einstellten. Und so unterrichtete Marian Morrison zunächst an einer Schule für Blinde und Gehörlose in Texas, anschließend an verschiedenen High Schools in Denver, nebenbei gab sie zu Hause Klavierunterricht und begleitete als Pianistin bekannte Sänger wie Paul Robeson. Im *Who's Who in Colored America* von 1950 wird sie erwähnt, ebenso im *International Who's Who in Music* von 1975, im *Dictionary of International Biography* und im *World Who's Who of Women* von 1976.

Georges Vater kam 1917 in Austin, Texas, zur Welt und wuchs in ärmlichen Verhältnissen auf. Sein Vater war Lastwagenfahrer, seine Mutter Hausfrau. Die Großeltern väterlicherseits hat George Bailey nur auf Fotos gesehen, nie persönlich getroffen. Seinen Masterabschluss machte James Thomas Bailey in Buchhaltung. Nach der Militärzeit arbeitete er als amtlicher Rechnungsprüfer für die Regierung.

Bildung und Disziplin können einen gesellschaftlichen Aufstieg und – damit verbunden – ein besseres Leben ermöglichen. Das war schon das Credo von Georges Großeltern und danach auch das seiner Eltern. Den ersten Schritt, in eine bessere Gegend zu ziehen, hatten sie erfolgreich getan. Nun sollten ihre Kinder den höchsten Bildungsabschluss erreichen. »Wir haben immer gewusst, wegen unserer Hautfarbe können wir es uns nicht leisten, mittelmäßig zu sein. Wir müssen besser sein als die Weißen, um die gleichen Chancen zu haben, eine Stelle zu bekommen oder überhaupt beachtet zu werden«, sagt George Bailey. Was ihnen die Mutter aber auch vermittelte: »Nie neidisch auf andere zu sein, sondern dankbar für das, was man hat und kann.« Sie waren stolz, dabei keineswegs selbstgefällig. Aber voller Selbstachtung.

Nach der Grundschule besuchten die Bailey-Brüder die High School. Wieder waren sie nahezu die Einzigen mit einer dunklen Hautfarbe. »In Gedanken war ich mehr weiß als farbig. In der Schule haben wir nicht über die Sklaverei gesprochen und nicht über Rassismus. Und in den Schulbüchern waren nur weiße Menschen abgebildet.« Und doch hat George Bailey nie vergessen, was seine Mutter zu ihm sagte, als er noch ein Junge war: »George, es wird kein Tag vergehen, an dem du nicht an deine Hautfarbe erinnert wirst.«

3.

Jetzt müsste George Bailey eigentlich vom Hocker aufspringen, durch sein Wohnzimmer tanzen, um den Flügel und den Tisch herum, vielleicht auf den Balkon hinaus. Er bleibt zwar sitzen, aber sein Oberkörper beugt sich hierhin und dorthin, folgt diesem erst sanften, dann erhebenden Schwung der Musik, während seine Finger die Tasten anschlagen. Dreivierteltakt, moderat, nicht zu schnell. Verblüffend, wie sie aus diesem hochbetagten Flügel diese leichte, frische Melodie hervorbringen. Es klingt fast wie eine Mazurka, aber es ist der *Valse Caprice*, komponiert von George Morrison. »Copyright 1944«, hatte er auf die Originalpartitur geschrieben, das Jahr, in dem sein Enkel geboren wurde: George Bailey.

Wenn Big Daddy in seinem Wohnzimmer in Denver komponierte, sang nebenan im Wintergarten oder Sonnenzimmer, wie es die Großeltern nannten, der Kanarienvogel in seinem Käfig: talentiert, als wäre er ein Mitglied der Familie. Gut möglich, dass die Melodien von George Morrison daher ihren unbeschwerten Klang haben.

In Stuttgart sitzt also George Bailey in seiner Wohnung, obwohl es ihm schwerfällt, still zu sitzen, weil er lieber aufspringen und tanzen würde, und spielt die Komposition seines Großvaters – und zwar auf dem Instrument seines Großvaters. Ein Mini-Standard-Flügel der Allen B. Chase Piano Company, über 100 Jahre alt. Nach dem Tod von Big Daddy, 1974, wurde der Flügel über den Atlantik geflogen, das hatte George Morrison in seinem Testament verfügt. Aber nie darüber gesprochen.

In George Baileys Wohnzimmer stehen der Flügel und der Klavierhocker seines Großvaters. An der Wand: Fotos seiner Familie und Gemälde seiner Großmutter

34 Jahre zuvor hatte er das Instrument gekauft, als Tochter Marian geheiratet hatte und samt Steinway-Flügel daheim ausgezogen war. Aber den Klavierhocker hatte sie im Elternhaus zurückgelassen. Berühmte Jazzmusiker wie Duke Ellington und Count Basie saßen darauf, wenn sie sich in der Gilpin Street bei George Morrison einquartierten. Und nun ist es George Baileys Platz.

Schließlich steht er doch auf, klappt den Sitz des Klavierhockers hoch – und siehe da, er lässt sich als Truhe nutzen! »Ist das nicht toll?«, fragt er, der unzählige Partituren darin aufbewahrt, auch den *Valse Caprice*. Nachdem George Morrison ihn fertig komponiert hatte, spielte er ihn allerdings auf der Geige, während Tochter Marian ihn am Klavier begleitete. Er hatte den Walzer seinen beiden Kindern gewidmet.

Als Baileys Großvater selbst noch ein Kind war, in den 1890er Jahren in Fayette, Missouri, kroch er häufig unter das Bett seines Vaters. Dort hatte der Junge eine Kiste entdeckt, heimlich geöffnet, hineingefasst und mit seinen Fingern über das Holz und die Saiten gestrichen. Hier war also die Geige seines Vaters versteckt. Einmal hatte der Vater seinen Sohn dabei erwischt, wie er gerade den Deckel des Geigenkastens angehoben hatte. Er war verärgert, aber die Mutter soll gesagt haben: »Lass ihn, wenn er groß ist, wird er besser Geige spielen als du!«

Immerhin stellte George Morrison bald schon seine eigenen Instrumente her – aus Zigarrenkisten und Getreidehülsen. Nicht nur sein Vater und seine Brüder spielten Geige, sogar schon sein Großvater. Seit Generationen gehörte die musikalische Familie zu den *Fiddlers*. »Das war einer der wenigen Berufe, die farbige Leute ausüben konnten, um Geld zu verdienen«, erklärt George Bailey.

Im Jahr 1900, George Morrison war neun Jahre alt und sein Vater bereits gestorben, folgte er seiner Schwester und einem Bruder nach Boulder in Colorado. Jahrzehnte später erzählte er seinem Enkel, wie er damals aus dem Zugfenster blickte und sich riesige graue Monster näherten, so dass er sich wieder einmal auf dem Boden verkroch, diesmal aus Angst und nicht aus Neugier, bis der Schaffner fragte: »Was ist los, Junge?« – und ihn beruhigte: Was sich da vor ihm auftürmte, waren die Rocky Mountains. Wie hätte er das wissen sollen? Berge hatte der Junge vorher nie gesehen.

In Boulder schlug er sich als Schuhputzer in einem Friseurladen durch, sparte Geld für seine erste Geige und den Unterricht dazu. Er war zwölf, als er mit seinem Bruder *The Morrison Brothers String Band* gründete. Gemeinsam zogen sie zu den Bergbaulagern westlich von Boulder, wo sie die Arbeiter mit ihrer Musik bei Laune hielten. Ab und zu fuhr George Morrison nach Denver, rund 40 Kilometer entfernt, und spielte dort in Studentenclubs und Salons, bis er so viel verdient hatte, dass

Georges Großvater: Violinist George Morrison (1891–1974), der noch heute als *Denver's Godfather of Jazz* verehrt wird

er sich auch klassischen Geigenunterricht leisten konnte. Davon hatte er geträumt. Lange schon.

Bei einem seiner Auftritte lernte George Morrison Willa May kennen, ein Jahr jünger als er, 1892 in North Denver geboren. Ihre Großeltern waren 1874 mit einem knarrenden Ochsenkarren und drei Kindern nach Westen geruckelt, von Atlanta nach Denver, um dem elenden, erniedrigenden Leben der Schwarzen in den Südstaaten zu entfliehen. Willas Großmutter war noch als Sklavin geboren worden. In Denver, am Fuße der Rocky Mountains, hatten sie zu den ersten afroamerikanischen Familien gehört.

Damals war Denver erst seit wenigen Jahren die Hauptstadt von Colorado. Seit sie an das Eisenbahnnetz angeschlossen war und in den Rocky Mountains Silber abgebaut wurde, florierte die Wirtschaft und die Einwohnerzahl stieg rasant an. Als Willa May und George Morrison 1911 in Denver heirateten, lebten dort bereits über 200.000 Menschen. Morrison spielte in Clubs, Hotels und Jazzlokalen, Tanzhallen, weiterhin in Salons. Und einmal im Jahr, aber jahrzehntelang, tingelte er als musikalischer Zugbegleiter zwischen Denver und Cheyenne, Wyoming: die Waggons voller Fans auf dem Weg zum größten Rodeo der Welt und dazwischen George Morrison und seine Geige, der die große Schar mit seiner Musik unterhielt. Er brauchte das Honorar für seinen Lebensunterhalt, ohne Zweifel. Aber er legte trotzdem unentwegt Geld beiseite, um weiterhin Geigenunterricht zu nehmen. Dass er an der Universität nicht zum Studium zugelassen wurde, lag keineswegs an fehlendem Talent. Es lag nur an der Farbe seiner Haut. Das hatte er oft genug zu hören bekommen.

Eine Zeitlang ließ sich George Morrison in Theorie, Komposition und Harmonielehre von Horace E. Tureman unterrichten, der bei dem französischen Komponisten Claude Debussy studiert hatte. Tureman war inzwischen selbst ein bekannter Violinist, zudem von 1922 bis 1944 Dirigent des *Denver*

Symphony Orchestra, und er lobte Morrisons Violinspiel. Daran erinnerte sich George Morrison in einem Interview, das der US-Komponist Gunther Schuller mit ihm führte und 1968 in seinem Buch *Early Jazz* veröffentlichte. »Er sagte oft zu mir: ›Ich bedauere so sehr, Morrison, dass ich Sie nicht in meinem Sinfonieorchester haben kann. Sie wissen schon, die Rassensituation.‹ Er sagte: ›Wenn Sie ein weißer Mann wären, wären Sie mein Konzertmeister.‹ – Nun, ich fühlte mich nie schlecht deswegen. ... Was ich wollte, war, etwas zu erreichen und zu lernen. Ich dachte mir: Wenn ich es lerne, werde ich das haben, und niemand außer Gott kann es mir wegnehmen, und ich werde irgendwo Anerkennung bekommen. Eines Tages werde ich Anerkennung bekommen. Also übte ich einfach weiter.«

Mit seiner Frau reiste George Morrison nach Chicago, verfeinerte am *Columbia Conservatory of Music* seine Technik und musikalische Sensibilität. Nachdem sie zurückgekehrt waren, gründete er das *Morrison Swing Jazz Orchestra*. Mittlerweile war der klassische Violinist außerdem Komponist, Arrangeur und der erste Afroamerikaner in Denver mit einem eigenen Orchester. Das blieb der Schallplattenindustrie nicht verborgen: 1920 lud *Columbia Records* die Big Band nach New York ein, wo sie unter dem Namen *Morrison's Singing Jazz Orchestra* eine Schallplatte produzierten. Auch die *Victor Phonograph Company* interessierte sich für die Jazzmusiker aus Denver. Nachdem sie vorgespielt hatten, bot ihnen die Plattenfirma einen 100.000-Dollar-Vertrag an. Nur zu gerne hätte Morrison ihn unterschrieben. Aber er hatte ja bereits den Vertrag mit *Columbia* abgeschlossen, exklusiv, wie *Columbia* monierte, als man dort von dem neuen Angebot erfuhr. Ob es in Denver nicht noch andere Jazzmusiker gebe, die er empfehlen könne, wollte die *Victor Phonograph Company* wissen. Ja, er kenne jemanden, einen ziemlich guten Musiker, erwiderte Morrison: Paul Whiteman – der bald darauf zu einem der berühmtesten Bandleader der USA wurde. Die Uraufführung von Gershwins *Rhapsody in Blue* in der New Yorker Aeolian Hall durch Whitemans Orchester, am Klavier Gershwin selbst, im Publikum Strawinsky, Rachmaninow, Fritz Kreisler, war ein umjubelter Triumph. Whitemans Name täuscht dabei nicht: Er war tatsächlich ein ›weißer Mann‹. Und Morrison? Er wurde fortan der »schwarze Paul Whiteman« genannt. Mehr gestand man ihm nicht zu.

Immerhin: Als George Morrison einmal als Sologeiger mit seinem Orchester im New Yorker *Carlton Terrace Supper Club*, Ecke Broadway/100th Street, spielte, befand sich Violinist und Komponist Fritz Kreisler ebenfalls unter den Zuhörern. »Junger Mann, du bist ein Künstler!«, soll er ihm aus dem Publikum zugerufen haben. »Er war sehr beeindruckt von meinem Großvater«, sagt George Bailey. »Als Kompliment für sein Talent bot ihm Kreisler sechs kostenlose Geigenstunden an. Das war ein Riesenglück für meinen Großvater. Und ein schöner Moment in seiner Karriere.«

Von New York aus tourte Morrisons Orchester durch Europa, spielte in London bei einem Empfang im Buckingham Palace vor King George V. und Queen Mary. Seine Frau Willa und die bald vierjährige Tochter Marian waren mitgereist. An König und Königin sollte sich das Mädchen später nicht mehr erinnern, aber an den Flügel, den sie im Palast gesehen hatte. So einen wollte sie haben. Wenige Jahre später kaufte George Morrison seiner Tochter einen Flügel: einen Steinway, genau wie jenen im Buckingham Palace.

In den 20er Jahren erreichte George Morrisons Karriere, auch finanziell, ihren Höhepunkt. Aber *Columbia Records* verlängerte seinen Vertrag nicht. New York als Sprungbrett für eine große internationale Karriere hatte nicht funktioniert. Morrison kehrte nach Colorado zurück.

In der Stadtverwaltung von Denver zeigte sich niemand davon beeindruckt, dass Morrison in New York produziert und für Monarchen gespielt hatte. Als es um seinen Bauantrag ging, zählte wieder nur seine Hautfarbe. Es gab eine Immobilien-

Konzertplakat, Ende der 1920er Jahre

konvention, die Afroamerikanern das Leben in bestimmten Gegenden der Stadt untersagte. Willa und George Morrison durchbrachen diese Grenze räumlich und politisch, als sie in der Gilpin Street ein Grundstück kauften. »Es war sehr schwierig, überhaupt eine Baugenehmigung zu erhalten. Big Daddy war einer der ersten Farbigen, die in Denver ein Haus gebaut haben«, sagt George Bailey und wundert sich noch heute, dass es seinem Großvater gelungen war, genügend Geld dafür anzusparen.

Zunächst aber wurde der Bau verhindert. Gleich drei Mal zerstörte der Ku-Klux-Klan die Fundamente. Doch dieser rassistische Terrorbund aus weißen Männern in weißen Geistergewändern schaffte es nicht, die Grundfeste der Familie einzureißen: ihren Glauben, an Gott und an sich selbst, an gegenseitigen Respekt, an Liebe und ein friedliches Miteinander. 1923 gelang es Willa und George Morrison schließlich, das Backsteinhaus fertig zu stellen. Jetzt konnten das neue Leben und über 50 gemeinsame Jahre beginnen. Aber zur Begrüßung in der neuen Nachbarschaft brannte ein Kreuz in ihrem Vorgarten: das Symbol des Ku-Klux-Klan.

Unerschrocken arbeitete George Morrison an seiner Karriere weiter, übte täglich sieben, acht Stunden, alleine oder mit einer seiner Bands, die er in unterschiedlichen Besetzungen zusammenstellte. Von 1924 an spielte er für den *Pantages Circuit*: Der Veranstalter und Impresario Alexander Pantages besaß rund 30 Vaudeville-Theater, mit unzähligen weiteren Theatern war er vertraglich verbunden. Morrison tourte mit seinen Musikern durch den Westen der USA, gastierte in Minneapolis, Minnesota, Seattle, Portland, San Francisco, eröffnete als Headliner die Programme. Als Sängerin schloss sich dem Orchester Hattie McDaniel, die Kindheitsfreundin seiner Frau, an, die so fest zur Familie gehörte, dass Morrisons Kinder und später auch seine Enkel sie liebevoll »Tante Hattie« riefen. Sie selbst war kinderlos geblieben.

»*Love to the Bailey Family from Aunt Hattie*«: Dieses Foto, aufgenommen in ihrem Haus in Los Angeles, schenkte die Schauspielerin und Oscarpreisträgerin Hattie McDaniel 1949 der Familie.

Am Freitag, 10. April 1925, spielte *Morrison's Famous Orchestra* mit George Morrison *himself* and Hattie McDaniel unter der Headline »Dies ist definitiv die einzige Gelegenheit für die farbigen Leute von Kansas City, diese landesweit bekannte musikalische Institution zu hören« im *Pantages Theater* in Kansas City. Nachdem die beiden einige Jahre gemeinsam getourt waren, verabschiedete sich Hattie McDaniel nach Hollywood, um als Schauspielerin zu arbeiten. Ihre berühmteste Rolle spielte sie neben Vivien Leigh und Clark Gable in *Vom Winde verweht.*

Willa und George Morrison besuchten mit ihrer Tochter Marian 1948 Hattie McDaniel (im Sessel) in Los Angeles.

Erst Sklavin, dann Dienstmädchen. 1940 erhielt sie für die Rolle der »Mammy« in der Kategorie »Beste Nebendarstellerin« einen Oscar – als erste Afroamerikanerin.

Trotz ihrer erfolgreichen Filmkarriere blieb Hattie McDaniel den Morrisons verbunden, war oft zu Besuch in Denver. Und umgekehrt reiste die Familie in George Baileys Kindheit hin und wieder in den Ferien zu Tante Hattie nach Los Angeles. Als sie die Familie einmal vom Flughafen abholte, trug sie einen Nerzmantel, darüber eine Kaskade frischer Orchideen. In ihrem Haus aßen die Gäste an einem prächtig gedeckten Tisch, unter dem sich ein Knopf befand, um das Dienstmädchen zu rufen, eines, wie sie es im Film gespielt hatte. »Ich habe dich gekannt, als du deine Wäsche abends gewaschen hast, damit du sie am nächsten Tag wieder anziehen konntest. Und jetzt drückst du einen Knopf für deine Magd«, kommentierte Morrison.

Willa Morrison, Georges Großmutter, war keine Filmschauspielerin. Sie hatte sich zur Kosmetikerin ausbilden lassen und war in Teilzeit in einem Schönheitssalon beschäftigt. Aber auch sie war Künstlerin: Malerin, die ihre Ölgemälde im *Chappell House Denver* ausstellte, und Pianistin, die zudem manchmal Liedtexte zur Musik ihres Mannes verfasste. Vor allem aber bemühte sie sich darum, eine gute Hausfrau und Mutter zu sein. Sieben Jahre nach Tochter Marian war 1925 Sohn George junior auf die Welt gekommen.

Trotz alledem beschwerte sie sich nicht, wenn sie morgens um halb vier, vier aus dem Schlaf gerissen wurde, um das Frühstück aufzutischen, wenn befreundete Musiker nach ihrer Performance in der Gilpin Street vorbeischauten. Und waren sie erstmal da, ging die Jazz-Session in Morrisons Haus weiter. »Afroamerikanische Musiker durften nicht in den Hotels übernachten, auch wenn sie dort gastiert hatten«, erklärt George Bailey. So seien damals die Bestimmungen gewesen. Eine Ausnahme bildete das *Rossonian Hotel* im Jazzviertel *Five Points*, dem ›Harlem des Westens‹. Aber wenn es dort nicht klappte, mussten farbige Musiker in Privathäusern unterkommen. »Sie haben sich das Haus eines berühmten Musikers, ein *Stopping house*, gesucht. In Denver war das mein Großvater. Es war klar, wer in Denver auftritt, wohnt bei George Morrison. Das hatte sich in der Szene herumgesprochen.« In jeder beliebigen Nacht konnten Jazzgrößen, Komponisten, Entertainer der Zeit bei den Morrisons auftauchen: Duke Ellington, Count Basie, Eubie Blake, William Christopher Handy. Tochter Marians Zimmer lag direkt neben dem Wohnzimmer, an der Seite, wo der Flügel stand. Wenn die Musiker loslegten, war also auch ihre Nacht vorbei. Verschlafen torkelte sie ins Wohnzimmer, setzte sich manchmal selbst ans Klavier und spielte. »Das war für sie ein großes Erlebnis«, sagt George Bailey.

Später erzählte sie ihm, dass W.C. Handy seinen *St. Louis Blues* in ihrem Wohnzimmer heraustrompetete und Duke

Ellington an seinem Geburtstag da war. Während Willa Morrison ein üppiges Essen zubereitete, setzte sich der Jazzmusiker an den Flügel, Marians Steinway, und komponierte ein Lied, drehte sich zu Willa um und sagte: »Ich widme dir diesen Song.« Das war *Sophisticated Lady*, eines seiner berühmtesten Stücke. »Er hat es meiner Großmutter gewidmet. Wow! Nur das Lied, noch ohne Text. Mama und Big Mama haben das erzählt.« Zu Marian selbst habe Duke Ellington einmal gesagt: »Es gibt zwei Arten von Musik: gute und schlechte.« Und so unterschied er auch die Menschen: gute und schlechte. Aber nicht schwarze und weiße. Das hat sich ihr tief eingeprägt.

George Morrison war mittlerweile im Distrikt *Five Points* an einigen Clubs beteiligt. Und in Golden, 25 Kilometer westlich von Denver, übernahm er den *Rock Rest Saloon*, in dem es keinen Ofen gebe, weil der Ort durch Mondschein und Musik beheizt werde. Als er eines Abends mit seiner Band dort spielte, hörte er durchs offene Fenster eine Männerstimme sagen: »Das ist der erste verdammte Ort, den wir in die Luft jagen.« Damals habe sich der Ku-Klux-Klan immer auf dem alten Tafelberg bei Golden getroffen. »Jeden Dienstag sah man sie in einer fünf Meilen langen Autoschlange, ein Fahrzeug direkt hinter dem anderen, zum Tafelberg hinauffahren«, erzählte George Morrison im Interview mit Gunther Schuller. Nach dieser Drohung war er gezwungen, den *Rock Rest Saloon* zu schließen. »Ich war nicht um mich selbst besorgt, aber ich wollte nicht, dass sie meiner Geige etwas antun.«

Tagsüber gab Morrison Geigenunterricht in seinem Haus. Pro Stunde verlangte er nicht mehr als zwei Dollar, und wenn seine Schüler kein Geld hatten, hielt ihn das nicht davon ab, sie trotzdem zu unterrichten. Anschließend führte er sie vom Studio im Keller nach oben in die Küche, wo er ihnen Süßigkeiten anbot. Neben seiner eigenen Karriere nahm er sich, jahrzehntelang, die Zeit zu unterrichten. Wenn Kinder Lust darauf hätten, ein Instrument zu lernen, so meinte er, müsse man sie unterstützen. Außerdem arbeitete Morrison, ohne Honorar, als Assistent von Gesangs- und Instrumentallehrern an örtlichen Schulen. Und fast 60 Jahre lang spielte er ehrenamtlich in den Gottesdiensten der *Shorter AME Church* Geige. In dieser Kirche hatte er sein erstes öffentliches Konzert gegeben, hier hatte er 1911 Willa May geheiratet.

George Morrison war viele Jahrzehnte lang einer der beliebtesten Musiker Colorados. Spirituals, Jazz, Klassik: Er komponierte unzählige Werke, unter anderem das erfolgreiche *Lullaby*. 1941 nannte ihn das Magazin *Downbeat* »den besten Musiker westlich von Kansas City«. Und Oral Moses, Baileys Freund und emeritierter Professor für Gesang und Musikgeschichte, betont: »Georges Großvater ist ein bedeutender Teil der Jazzgeschichte und einer der frühen Jazzgeiger der Zeit.« Er wurde in Colorados *Black Hall of Fame* aufgenommen, wird wie seine Tochter im *Who's Who in Colored America* erwähnt und erhielt 1972 den *Governor's Award for outstanding contribution to the Arts und Humanities*. Dabei war es nicht nur sein Talent, das ihn bekannt und beliebt machte. Wo immer er auftrat, beeindruckte George Morrison mit seiner Herzlichkeit, Offenheit, Empathie. Deshalb heftete man ihm gerne Titel an wie »Mr Personality«, »Ambassador of Denver« oder »Spreader of sunshine«.

Doch seinen Traum, klassische Geige in einem Sinfonieorchester zu spielen, konnte er bis zu seinem Tod nicht verwirklichen. »Zu seiner Zeit hielt man es für absurd, an einen schwarzen klassischen Musiker auch nur zu denken«, hat einmal einer seiner Schüler gesagt. Und sein Enkel sagt: »Es war nicht immer so leicht und schön, was Big Daddy erlebt hat. Aber seine Musik und seine Lebenseinstellung machten ihn glücklich.«

George Bailey hat sich wieder auf den Klavierhocker gesetzt, der auch eine Truhe ist und vor dem Flügel seines Großvaters steht. Schließlich fügt er noch hinzu: »Seine Karriere hätte anders verlaufen können, wenn er kein Farbiger gewesen wäre.«

4.

George Morrison Bailey war stolz darauf, den Namen seines Großvaters zu tragen. Aber er bemerkte früh, dass die Leute ihn deshalb noch häufiger mit Big Daddy verglichen. »Oh, das ist der Enkel von George Morrison!« Das war normal. Er war berühmt, George nicht. Noch nicht.

Den Fußstapfen seines Großvaters hinterherzulaufen, so stellte er sich seine Zukunft jedenfalls nicht vor. Er wollte seinen Weg als George Morrison Bailey gehen. Big Daddy hatte ihm ohnehin von einer Karriere als Musiker abgeraten: »Mach was anderes, damit du Geld verdienst!« Trotz des eigenen Erfolgs wollte der Großvater seinem Enkel das harte Leben als Musiker ersparen, obwohl ihm längst aufgefallen war, wie musikalisch der Junge war. Wenn George und James Otis die Großeltern in der Gilpin Street besuchten, konnte das ein spontanes Hauskonzert bedeuten: Big Daddy hatte häufig Gesellschaft, also gab er den Gästen einen Drink und den Enkeln das Signal zum Spielauftakt. »Big Daddy war stolz auf uns und wollte die Freude mit seinen Freunden teilen. Für uns war das eine Bewährungsprobe. Jedes Mal. Wir mussten Leistung bringen, Fortschritte zeigen. Aber wir mochten das.«

James Otis und George sangen im Kinderchor, im Gesangsverein der Pfadfinder und in der High School gehörte Musik sowieso zum Schulalltag. Auch dort sangen die Brüder im Chor, und sie spielten im Orchester. Einmal kündigte der Dirigent an, dass es im folgenden Schuljahr keinen Part für einen Pianisten gäbe. Damit George aber dennoch beschäftigt wäre, forderte er

Big Mama und Big Daddy: Georges Großeltern

ihn auf, Kontrabass zu lernen. Also begann der Schüler Unterricht zu nehmen, bei Alex Horst, einem deutschen Bassspieler aus dem *Denver Symphony Orchestra*. George war nun der erste Bassist im Schulorchester.

Aber das genügte ihm nicht. Wenn er auf Partys ging, konnte er es selbst sehen: Da fehlte oft die Musik. Also gründete er zusammen mit einem Schlagzeuger und einem Bassisten seine eigene Jazzband: das *George Bailey Trio*. Ihr Repertoire bestand aus Evergreens, Standards, von George Gershwin bis Cole Porter, und allem, was populär war. »Wir hatten viel Spaß. An den

Die Großeltern und die Enkel im Haus des Rechtsanwalts Fred Mazzulla. Das Fresko an der Wand zeigt Porträts berühmter US-amerikanischer Künstlerinnen und Künstler: Links von George ist Hattie McDaniel, daneben mit offenem Mund George Morrison selbst zu sehen.

Namen des Drummers kann ich mich nicht mehr erinnern. Ist das nicht schrecklich? Aber ich weiß, dass er endlos Witze erzählen konnte.«

Wenn irgendwo Musik gebraucht wurde, waren sie da, auf Festen oder im Schulbetrieb. Seine Cousine Vicki erinnert sich, wie George stundenlang am Klavier übte. »Ich sah ihm zu, wie er jede musikalische Passage abschnittsweise perfektionierte. George probte entweder ein Stück oder er komponierte und arrangierte seine eigene Musik. Ich habe vor Freude gejauchzt, wenn er seine eigenen Kompositionen spielte.« Auch Großvaters Kompositionen arrangierte der Enkel manchmal neu. »Aber ich konnte es nicht so spielen, wie er es geschrieben hatte, ich musste es vereinfachen. Big Daddy hat sich gefreut, rief meiner Mutter zu: ›Hör mal, was George spielt!‹«

Statt seiner Mutter unterrichteten ihn nun Klavierlehrer an der High School, und er war inzwischen schon so weit fortgeschritten, dass er auch alleine arbeiten konnte. »Sie hat mir nur geholfen, wenn ich Probleme hatte. Ich musste mich ja auch lösen.«

Von den Mädchen in der Schule ließ er sich weiterhin inspirieren, aber statt Haarschleifen zu flechten, machte er nun Modeskizzen, zeichnete Entwürfe für Kleider. »Ich liebte Girls mit Ponytails und Petticoats.« All seine Entwürfe zeigten Mädchen mit Pferdeschwänzen. Für sie versuchte er, eigene Kollektionen zu kreieren, nur auf dem Papier, nie hat er produziert. Zur Nadel griff er damals nur, wenn es etwas zu flicken gab. Und Mode für Männer interessierte ihn nicht, er entwarf ausschließlich Designs für junge Frauen.

Wenn im Kunstunterricht ein neues Projekt anstand, gestaltete George nie nur ein einziges Werk, sondern zwei, drei oder vier, mit dem Satz seiner Mutter im Sinn: »Wir müssen zwei, drei, vier Mal besser sein, damit wir überhaupt eine Chance haben.« Und heute sagt er: »Besser sein, *being better than*, ist ein Teil unseres Lebens. Das ist die beste Inspiration für uns. Eine Gelegenheit, im Lebenskampf noch kreativer zu sein. Ich war sehr produktiv.« Seine Eltern hatten ihn bestens ausgestattet mit Malutensilien: Blöcken, Stiften, Pinseln. Und seine Großmutter brachte ihm Ölmalerei bei. Es funktionierte, er bekam Anerkennung und gute Noten.

Marian Morrison Bailey mit James Otis und George (rechts), gegen Ende der 50er Jahre

Ein Projekt aus der High-School-Zeit hat George Bailey nie vergessen, auch jetzt im Alter erzählt er noch gerne davon. Es war im Kunstunterricht. George grub seinen Stichel in eine Kupferplatte, um eine Radierung des berühmten Goldenen Pavillons von Kyoto herzustellen. In Büchern hatte er ihn gesehen und war fasziniert vom reinen Gold, das dem Tempel seinen Namen gegeben hatte, der Leuchtkraft, die davon ausging, den geschwungenen Dächern, der harmonischen Form. Als jedoch die Kunstlehrerin an Georges Platz kam und den Tempel sah, den er ihr stolz entgegenhielt, sagte sie: »Du solltest Dinge wie diese nicht machen. Dazu hast du keine Beziehung! Das ist eine andere Kultur, so etwas kannst du dir nicht vorstellen.« Sie habe gemeint, sagt George Bailey, weil er Afroamerikaner sei, könne er sich so etwas nicht vorstellen. Das hat ihn geschmerzt. Gleichzeitig hat es ihn aber auch angespornt. In diesem Moment beschloss er, den Tempel mit seinen eigenen Augen zu betrachten, damit er eine »Beziehung« dazu bekäme. Eines Tages würde er dorthin reisen. Er würde es ihr beweisen. »In meinem Hinterkopf war mir klar, sie hatte den Tempel nie gesehen und würde ihn auch nie sehen können. Niemals.« Nun, den Beweis hat George Bailey geliefert. Mehrmals. Das erste Mal hat er den Goldenen Tempel 1965 bei einer Tournee mit der Jazzband der *Denver University* gesehen: »Ich habe geweint, als ich ihn erblickte.« – Weil er an die schmerzhafte Szene denken musste, die er als Schüler zu erdulden hatte. Mittlerweile war er weitere vier Male dort, auf Gastspielreisen mit dem *Stuttgarter Ballett*. Und beim letzten Mal hat er sogar seine Mutter mitgenommen. »Ich habe eine besondere Liebe zu Japan. Eine meiner größten Freuden sind meine Bücher über Japan. Ich liebe den Goldenen Pavillon und bin ein großer Fan des Kabuki-Theaters.«

Als Kind interessierten ihn auch Fernsehdokumentationen über Europa, und wenn die Familie ins Museum ging, betrachtete er Rembrandt oder Gauguin. Wenn er klassische Musik hörte, ob Bach oder Beethoven, dachte er: Und sie lebten alle in Europa. Warum nicht auch ich? »Für uns war das eine ganz andere Welt.« In seiner Vorstellung war in Europa alles alt, wie in den USA alles neu war. Das faszinierte ihn. Mit zehn sagte er zu seiner Mutter: »Honeybunch, wenn ich groß bin, werde ich in Europa leben.« Worauf sie erwiderte: »Wenn es das ist, was du tun willst, dann wirst du es tun.«

Sie hatte sowieso oft zu ihm gesagt, sein *middle name*, sein zweiter Vorname, müsste eigentlich *Go* lauten. Wann immer sie das Haus verlassen wollten und sie »*Let's go!*« rief, stand George als Erster bereit. »Ich liebte es, mich schön anzuziehen und rauszugehen.« Er wollte die Welt sehen, reisen, das war sein Traum. »Er ist Wirklichkeit geworden, dadurch, dass meine Mama an mich glaubte. ›Das kannst du‹, sagte sie und gab mir damit Selbstvertrauen.« Noch eine andere Weisheit stammt von ihr: Die Welt und das Wissen sind unendlich. Sei nicht mit Tunnelblick unterwegs! Laufe mit Weitblick durch die Welt!

Nachdem George Bailey die *George Washington High School* 1961 mit Erfolg abgeschlossen hatte, schrieb er sich an der *University of Denver* ein. Hauptfach: Kunst (Grafik und Design), Nebenfach: Musik. Die Musik tönte aber tatsächlich nicht nur nebenher: George Bailey spielte in der Jazzband und im Orchester der Universität Klavier und Kontrabass, als einziger Bassist der Uni. Im September 1963 stand dann die bis dahin wichtigste Premiere seines Lebens an: Mit der Jazzband würde er in die alte Welt, nach Europa, reisen.

Zur selben Zeit, als sich George Bailey in Denver darauf vorbereitete, sich seinen Kindheitstraum zu erfüllen, hielt in Washington Martin Luther King seine berühmte Rede *I Have a Dream*. Am 28. August 1963, beim Marsch auf Washington, versammelten sich rund 250.000 Menschen vor dem *Lincoln Memorial* und forderten das Ende der Rassendiskriminierung in den Vereinigten Staaten. Purnell Steen, Georges bester Freund aus der Jugend, fuhr mit einer Delegation aus Denver mit dem Bus nach Washington. Drei Tage dauerte die Fahrt, aber es sollte sich lohnen. Die Demonstration trug wesentlich dazu bei, dass am 2. Juli 1964 der *Civil Rights Act* verabschiedet und die Rassentrennung offiziell aufgehoben wurde. »Meine Familie war nie der Typ, der auf Demonstrationen ging«, meint George Bailey dazu. »Und ich würde mich selbst nie als Teilnehmer eines Freiheitsmarsches in der ersten Reihe sehen. Wir haben versucht, auf unsere eigene kleine Art und Weise zu diesem Erfolg beizutragen. Mit unserem täglichen Verhalten, das Vorbild sein sollte für andere. Mit Respekt uns selbst, unseren Vorfahren und Mitmenschen gegenüber.« Als Wegbereiter aber könne man Martin Luther King nicht hoch genug einschätzen, sagt er weiter, neben anderen, die im langen, harten Kampf um gleiche Rechte mitgekämpft hätten: »Das waren alles monumentale Schritte in die richtige Richtung, hin zur Befreiung der versklavten schwarzen Amerikaner in den USA«, um dann noch hinterherzuschieben: »Aber wir haben noch einen langen Weg zum Frieden vor uns.«

George Baileys Weg führte zunächst nach Westeuropa: Am 17. September 1963 landeten die Studenten in Paris. Vier Wochen würden sie durch Frankreich, Italien und Deutschland touren, in verschiedenen *Service Clubs* des Militärs auftreten, Armee, Marine und Luftwaffe mit ihrer Show unterhalten. Zuerst also Paris: »Ich war sprachlos. Ich war im siebten Himmel.« Montmartre, Sacré-Cœur, Avenue des Champs-Elysées, George konnte gar nicht genug davon bekommen, den Prachtboulevard hinauf- und hinunterzulaufen. Er beobachtete die Menschen, wie elegant gekleidet sie waren, bedauerte, dass er kein Wort Französisch sprach. Weiter nach Italien, dann Deutschland, die letzte Station war Stuttgart. Noch nie hatte er von dieser Stadt gehört. Er sah den Königsbau, das Neue Schloss, *wow*!: ein Schloss mitten in der Stadt. »Ich war hin und weg.« Vom 8. bis zum 11. Oktober 1963 blieben die amerikanischen Studenten in der baden-württembergischen Landeshauptstadt. »Ich konnte kein Wort Deutsch, hatte aber nette Erfahrungen mit deutschen Leuten gemacht. Wenn man versucht hat, was zu sagen, haben sie sich gefreut. Nicht wie die Franzosen, die haben auf einen runtergeschaut, wenn man kein Französisch sprach.« Die Jazzband gab ein Konzert im *Amerikahaus* an der Friedrichstraße, das erst zwei Jahre zuvor gebaut worden war. Tagsüber ging George Bailey in der Königstraße shoppen. Dort sah er auch sein erstes Cape. Er hatte schon immer ein Cape haben wollen. Es war aus Loden und viel zu teuer. Aber für seine Mutter kaufte er schwarze Stiefel, mit Fell gefüttert.

Nur wenige Hundert Meter entfernt, im Stuttgarter Opernhaus hinter dem Schlossgarten, probte Choreograf John Cranko mit seiner damals noch recht kleinen Kompanie. Am 14. November 1963 stand die Uraufführung von *Schwanensee* auf dem Spielplan. Nicht einmal ein Jahr war vergangen seit dem 2. Dezember 1962, als die Premiere von *Romeo und Julia* bei Publikum und Kritikern Jubelarien ausgelöst hatte. An jenem Sonntagabend hatte die internationale Tanzwelt in die schwäbische Provinz geblickt wie auf ein Feuerwerk am Nachthimmel. Später sollte man ihn die Geburtsstunde des *Stuttgarter Balletts* nennen; Tanzkritiker Horst Koegler schrieb: »Alles, was vorausgegangen war, war nur Prolog gewesen.«

Von all dem wusste der junge Amerikaner George Morrison Bailey nichts. Er hatte das Opernhaus nicht einmal wahrgenommen, so geblendet war er vom Schloss gewesen. Nie hätte er sich träumen lassen, dass er in diesem Schloss mitten in der Stadt fast 30 Jahre lang seine *George's Christmas Party* veranstalten würde. Wie hätte er ahnen können, dass dieser Besuch nichts war als ein Prolog, weil er in neun Jahren zurückkehren und bleiben würde? Für immer.

Zunächst stand aber noch der »Trip meines Lebens« an. Wieder hatte er die Chance, neue Menschen und Kulturen kennenzulernen. 1964 nahm George Bailey mit der Uni-Jazzband an einem Musik-Wettbewerb in Indiana teil. Sie wurden nicht Erste, sie wurden Zweite. Dennoch wurde ein Repräsentant des Außenministeriums auf sie aufmerksam: »Unsere Band hat ihm besser gefallen.« In der Folge durften sie, gesponsert vom *State Department*, drei Monate lang, vom 2. Januar bis 28. März 1965, auf Tournee gehen: durch Japan, Korea, Hongkong, Australien, Neuseeland, die Philippinen und die Fidschi-Inseln. 29 Städte, 43 Konzerte. George performte als Bassist und Pianist und sogar

Georges Cousinen Trudi (links) und Vicki Morrison

mit einer kleinen Solo-Tanznummer: »Ich wollte immer auf die Bühne.« Als er bei den *Graduation Services* der Universität von Denver sein Diplom abholte, scherzte der Kanzler: »Es ist schön, dass Sie Zeit haben.«

Doch zuvor platzte eine Nachricht in sein Leben, durch die er seine Unbeschwertheit für einige Zeit verlor. Während des Studiums jobbte George an der Kasse eines Supermarkts. Am 12. Juni 1965 hatte seine Mutter ihn mit dem Auto abgeholt, das tat sie hin und wieder. George hatte sich zu Hause gerade auf sein Bett gelegt, um sich ein wenig auszuruhen, als seine Mutter hereingestürzt kam: ein Anruf aus dem Krankenhaus, irgendetwas sei mit James Otis passiert. Sie eilten zum Auto, fuhren in die Klinik, ein Arzt überbrachte die erschütternde Nachricht: James Otis war tot, mit 22 Jahren, gestorben durch eine Pistolenkugel. »Wir waren beide unter Schock.« Sie durften ihn nicht sehen, fuhren schweigend und wie erstarrt wieder nach Hause. Es klingelte, Onkel George war an der Tür, tröstete seine Schwester. »Und ich brach weinend zusammen.«

Was genau passiert war, wurde nie eindeutig geklärt. James Otis war zur Behandlung in einer Klinik. Es ging ihm bereits besser, als er erfahren habe, dass jemand Suizid begehen wollte. James Otis habe das verhindern wollen, hieß es, und sich in das Patientenzimmer aufgemacht, um die Pistole zu sichern. Da sei ein Schuss gefallen, der James Otis tödlich verletzte. War es ein Unfall? Im Autopsiebericht sei zu lesen gewesen, so wie der Schuss ihn getroffen habe, könne er ihn nicht selbst ausgelöst haben.

Nach dem Tod von James Otis trennten sich die Eltern. Die Ehe war in den Jahren zuvor schwieriger geworden. Georges eigenes Verhältnis zu seinem Vater war nie so eng wie das zu seiner Mutter. »Aber wir haben ihn respektiert. Meine Mama sagte immer: ›Respektiert euren Vater!‹« Nach der Trennung zog James Thomas Bailey nach Dallas und heiratete noch zwei weitere Male. Auch die Mutter heiratete einige Jahre später wieder.

Derweil stand für George Bailey fest: Sein Traumberuf war Modedesigner. Wäre es nach seiner Mutter gegangen, hätte George auch Musiker werden können. Egal, für welchen Beruf er sich entscheiden würde, für sie galt einzig, dass er ihn mit Hingabe ausübte. »Georgie war immer an Mode interessiert«, sagt Trudi Morrison-Davis. »Ich erinnere mich lebhaft an seine professionellen Skizzen in den späten 50er und 60er Jahren. Sie waren topaktuell.« Ihre Schwester Vicki bestätigt das. Ein regelrechter »Beau Brummell« sei George gewesen, von Kopf bis

Fuß stolz auf sein Äußeres, wie die englische Stilikone George Bryan Brummell.

Im Sommer 1966 verließ George Bailey Denver und zog nach New York, um am *Fashion Institute of Technology* in Manhattan zu studieren. »Er liebte feine, hochwertige Mode. Er konnte für sich selbst kreieren und nähen – und für seine Mutter erstaunliche Haute-Couture-Ensembles«, erzählt Vicki Morrison-Sloan. Aber George überraschte auch seine Cousine mit Päckchen aus New York, darin Mode und Accessoires, die er selbst entworfen hatte. »Ich war groß und schlank, und er wusste, wie er mich kleiden musste.«

George fühlte sich in der Modebranche jedoch zunehmend unwohl. Vielleicht war er zu naiv gewesen. Er, der gelernt hatte, anderen respektvoll, freundlich, höflich zu begegnen, sie zu unterstützen, wo immer es ging, war nun einem harten Konkurrenzkampf ausgesetzt. Da wurde nicht miteinander, sondern gegeneinander gearbeitet. Kommilitonen waren hier nichts als unliebsame Konkurrenten. »Ich bin aber überhaupt kein Ellenbogen-Typ«, sagt er. »Sie bewachten ihre Designs, als ob man sie ihnen stehlen wolle. Das hat mir nicht besonders gefallen, aber das war die Realität.«

Zur Realität gehörte auch, dass George Bailey, es war Ende 1966, auf der Einberufungsliste der US-Army stand – und zwar weit oben. Eine hohe Nummer bedeutete, es würde nicht mehr lange dauern, bis ihn der Befehl ereilen würde. Zwei Jahre zuvor hatte US-Präsident Lyndon B. Johnson vom Kongress die uneingeschränkte Vollmacht zur Kriegsführung in Vietnam erhalten. Was konnte George tun, um die Einberufung zu verhindern? Er ließ sich beraten, falsch beraten, wie sich später herausstellte, von einem Sergeant, der ihn dazu brachte, sich für die Offiziersanwärterschule zu melden. Anschließend könne er im *Adjutant General Program* seine musikalischen Talente einsetzen. George Bailey folgte diesem Rat und verließ das *Fashion Institute of Technology*, ohne Abschluss. »Aber sie wollten einfach junge Männer dazu bringen, sich für den Krieg zu melden. Bald haben wir gewusst: Wenn wir fertig sind, müssen wir in den Vietnamkrieg ziehen.« Nach 13 Wochen verweigerte er den Dienst, beklagte sich vor einem Gremium von Generälen, dass er falsch beraten worden sei, und rief seinen Großvater an: »*Big Daddy, I'm stopping at Officer Candidate School.*« Okay, erwiderte der Großvater, er werde sich darum kümmern. George Morrison hatte Kontakte zu hochrangigen Beamten der Regierung und dem Establishment der Militärbehörde. »Big Daddy sagte immer: *It's not what you know, it's who you know.*« Es sah ganz danach aus, als kenne Big Daddy die richtigen Leute.

Nach wenigen Tagen kam ein Brief aus dem Pentagon: »Sie haben mich nach Europa geschickt.« – »Nach Europa! Glück gehabt, wieder einmal.«

5.

Die Tragödie ist eingemeißelt für die Ewigkeit, festgeschrieben auf einer schwarzen Mauer aus poliertem Granit. Zwei Arme, jeder 75 Meter lang, einer weist zum *Washington Monument*, zum *Lincoln Memorial* der andere. Und in der Mitte treffen sie in einem breiten Winkel aufeinander, genauso wie die Namen des ersten und des letzten getöteten Soldaten des Vietnamkrieges, als würde sich ein Kreis schließen, wo gar kein Kreis ist.

Entlang dieser *Memorial Wall* liefen George Bailey und seine Mutter, als sie im Mai 1992 mit dem *Stuttgarter Ballett* durch die USA tourten. Sie hatten eine Pause genutzt, um das *Vietnam Veterans Memorial* in Washington zu besuchen. Hin und wieder verharrten sie, um die Namen zu lesen, die Geburtsdaten und zuletzt die Sterbedaten. Auch sein Name hätte hier stehen können, als einer von über 58.000 Soldaten, die zwischen 1959 und 1975 im Vietnamkrieg fielen oder als vermisst gelten; das wussten sie beide, ohne es auszusprechen. Allein 621 Opfer aus Colorado, Baileys Heimatstaat. »Tragisch, so tragisch!«, sagt er und dann: »Ich bin sehr dankbar.«

George Bailey entflog diesem Schicksal in einer *Pan-Am*-Maschine. Am 6. Mai 1967 überquerte er den Atlantik, landete in Frankfurt, von dort ging es weiter zum Hauptquartier der US-Army nach Heidelberg. Dabei war noch gar nicht klar, was sie in den *Patton Barracks* mit ihm anfangen wollten, wo er eingesetzt werden sollte. Als er dort über das Gelände lief, sah er in einem Fenster ein Hinweisschild hängen: *Army Band*. Das wäre was!, dachte er sofort, ging hinein, stellte sich vor und sagte, dass er Klavier und Kontrabass spielen könne. Das interessierte den Direktor. Er griff zum Telefonhörer, wählte und rief hinein: »Ich habe einen Mann hier, soll ich ihn raufschicken?« Offenbar hatte am anderen Ende der Leitung jemand zugestimmt. »Gehen Sie in den dritten Stock! Dort wartet man auf Sie!« Einige Soldaten spickten bereits neugierig die Treppe runter: »*He's coming! He's coming!*«, hörte sie George Bailey schon unten am Treppenabsatz rufen, als ob sie einen prominenten Gast erwarteten. Oben angekommen, betrat er den Saal, wo die Soldaten wie bei einer Chorprobe im Halbkreis saßen. Und tatsächlich: Es war der Übungssaal des *7th Army Soldiers Chorus*. Der Dirigent wies ihn ans Klavier. »Ich musste meine Audition vor der ganzen Truppe machen«, erzählt George Bailey. »Ich spielte Klassik, Popular, meine eigenen Arrangements – und ich sang.«

Ganz geheuer war ihm das nicht. In der ersten Reihe saß ein Mann, der seine Arme vor dem Oberkörper verschränkte und mit grimmiger Miene zu ihm herüber starrte: Es war Oral Moses, der zweite *Tenor-Section-Leader*, der dem Chor erst seit einigen Monaten angehörte. »Unser Pianist war in die USA zurückgekehrt, so dass wir ohne Pianisten dastanden«, erinnert sich Moses. Und seinen Missmut erklärt er heute damit, dass zu diesem Zeitpunkt bereits mehrere Kandidaten vorgespielt hätten. »Sie waren alle nicht gut. Als uns gesagt wurde, dass er für uns spielen würde, sagte ich: ›Hier kommt noch einer, der nicht spielen kann.‹«

Aber der junge Mann aus Denver konnte spielen. »*Yes, you would be perfect!*«, rief der Dirigent begeistert aus. George Bailey durfte bleiben. Und er blieb. »Was für ein Glück! Ich musste nicht in den Vietnamkrieg.« Er bekam sogar ein eigenes Zimmer samt Klavier. »Sobald George in den Chor aufgenommen war, wurden wir Freunde«, sagt Moses. Für sie als junge Soldaten sei Deutschland faszinierend gewesen. In South Carolina geboren, hatte er gerade die High School abgeschlossen, seine Heimat zum ersten Mal verlassen, das Leben und sich selbst

Auftritt des *7th Army Soldiers Chorus* mit George Bailey am Flügel und Oral Moses in der ersten Reihe (Zweiter von links)

in Heidelberg erst richtig kennengelernt. Da wurde George zu seinem Vertrauten. »Mir kam es vor, als hätte ich ihn mein Leben lang gekannt. Was für einen Spaß wir hatten! Es schien manchmal, als sei er konservativ, aber er war genauso verrückt und ausgelassen wie ich. Lachen und Spaß waren die Highlights unserer Zeit. Darauf baute sich unsere Freundschaft auf.« Sie trafen sich oft zur *Tea Time*. Dabei konnten sie sich in Ruhe unterhalten, den ganzen Klatsch um den Chor und die Verrücktheiten des Militärlebens austauschen – und endlos über Familie und Freunde sprechen. Oft tauchte Honeybunch in diesen Gesprächen auf. »Am meisten sprach George aber über seinen Großvater und sein Vermächtnis als begnadeter Jazz-Violinist.«

Aber George Bailey nutzte sein Zimmer nicht nur, um mit Oral Moses zu tratschen. Der Obergefreite Bailey gestaltete Programmhefte, Flyer und Plakate für die Auftritte des *7th Army Soldiers Chorus*, spielte Klavier und Kontrabass, arrangierte und komponierte eigene Stücke. *Friendship through Music* lautete das Motto des Chors und Bailey schrieb das Lied zur Mission. Als Botschafter Amerikas reiste der Chor durch Deutschland, spielte und sang in Kasernen für die amerikanischen Soldaten, in Konzertsälen für die Deutschen. Den Amerikanern brachten sie die vertrauten Melodien der Heimat. Für das deutsche Publikum musste so Amerikas Musiktradition klingen: Musicals, Spirituals, Evergreens. Ob in Aachen oder Essen, Berlin, Bremerhaven, München, Nürnberg, Bamberg oder Regensburg: Wenn sie ihre Musicalklassiker auspackten, waren sie mehr Showmen als Soldaten: *I Could Have Danced All Night* oder *On the Street Where You Live* aus *My Fair Lady*, das George Bailey neu arrangiert hatte, *Maria* oder *Tonight* aus *West Side Story*. Und wenn sie mit Spirituals an die schwarze Bevölkerung Amerikas und ihren Kampf für die Freiheit erinnerten, berührten sie die Zuhörer zutiefst.

»Lahmgeklatschte Hände und brennende Handflächen« habe der Soldatenchor nach einem »überwältigenden Erfolg« in der Aachener Gallwitz-Kaserne hinterlassen. Ein Zeitungskritiker schwärmte: »Nie habe ich einen solch engen Kontakt zwischen einem Chor und seinem Publikum erlebt.« Und er rühmte »ein Solo des hervorragenden Pianisten George Bailey«. Außer Spirituals und Stücken aus Musicals hatte die Truppe amerikanische und deutsche Volkslieder herausgeschmettert: *Lemon Tree* und *Ich hab mein Herz in Heidelberg verloren* und *So ein Tag, so wunderschön wie heute*. »Es war verblüffend zu sehen«, teilte der Kritiker seinen Lesern mit, »mit welcher Kühnheit die gegensätzlichsten Lieder hintereinandergestellt waren, mit welcher Schnelligkeit sich der Chor umzustellen vermochte und mit ihm das Publikum. Bei einem deutschen Chor beinahe undenkbar der Mut zum herrlichen Unsinn. Diese Männer trugen ihre Kunst nicht mit Leichenbittermiene vor; sie haben es nicht nötig, durch feierliche Gesichter auf ihr Können hinzuweisen.« Sie hätten ihre Kunst so leicht, anscheinend ohne jede Anstrengung vorgetragen, dass das Publikum vermutlich keinerlei Gewissensbisse gehabt habe, sie durch unaufhörliches Klatschen zu immer weiteren Zugaben zu zwingen. »Aber es gab nur zwei, dann verschwanden die Sänger unwiderruflich und ließen sich auch durch noch so heftigen Beifall nicht zurückholen. Sie hatten sich ihren Feierabend auch redlich verdient.« Noch nach über 50 Jahren kündet dieser Artikel auf der Website der *Kennsaw State University* in Georgia von den »Botschaftern der Freundschaft und der Freude«. Oral Moses, der dort als Professor für Gesang und Musikgeschichte lehrte, hatte ihn aufgespürt.

Wenn sich die US-Soldaten am deutschen Liedgut versuchten, war das Publikum besonders entzückt. Aber der Soldatenchor tourte nicht nur durch Deutschland, er peilte unzählige weitere Ziele in Westeuropa an. Häufig machte er Station in Belgien und den Niederlanden, manchmal an ungewöhnlichen Orten wie der *Musikalischen Vereinigung der Königlichen Gesellschaft für Zoologie* von Antwerpen. Mit der universellen Sprache der Musik wurden die Soldaten überall verstanden. 1968, fünf Jahre, nachdem der Chor gegründet worden war, hatte er bereits 700 Auftritte vor 700.000 Menschen und Tausende Kilometer hinter sich. Die Journalisten schrieben von »Feuerwerk sprühender Laune« und »künstlerischer Brillanz«. Bei internationalen Chorfestivals, etwa 1967 in Den Haag, gewann der Chor Preise. Allein in der Weihnachtszeit bewältigte er 2000 Meilen, um entlegene US-Außenposten mit *We Wish You a Merry Christmas* in Stimmung zu bringen. Und wenn der *Soldiers Chorus* unter Leitung von Leutnant Robert Antonian gerade nicht unterwegs war, schickte man ihn vor die Fernsehkamera. Dann platzierten sich die Herren, bekleidet mit roten

Sakkos, schwarzen Hosen, weißen Hemden, vor der Kulisse des Heidelberger Schlosses auf der Neckarbrücke. Außerdem produzierten sie im Studio des Bandleaders Horst Jankowski in Stuttgart, bevor dieser als Chefdirigent des RIAS-Tanzorchesters nach Berlin ging, das Album *Friendship through Music*. Nicht zum Verkauf, sondern als Geschenk für ihre Gastgeber bei den Konzerten.

War dies nicht genau das, wonach er, George »Go« Bailey, sich immer gesehnt hatte? »Die Zeit beim Militär war himmlisch. Ein fantastischer Job.«

Auf Tour übernachteten die Soldaten bei deutschen Gastfamilien. »Sie haben uns verwöhnt«, erinnert sich George Bailey. Dabei lernte er seine ersten deutschen Sätze. »Die Kinder konnten nicht glauben, dass jemand nicht ihre Sprache spricht. Sie redeten so lange mit mir, bis ich sie verstanden habe.« Zudem trafen sich Bailey und Moses mit Leuten, die zu ihren Konzerten gekommen waren. »Wir schlossen Freundschaften, eine Gemeinschaft entstand«, erzählt Moses. »Ich verliebte mich in Deutschland und das deutsche Volk. Viele Freundschaften haben ein Leben lang gehalten.« Auch die Freundschaft zu George Bailey. »Unsere endlosen Gespräche dauern bis zum heutigen Tag an.«

Mittlerweile war auch Purnell Steen, Georges Jugendfreund aus Denver, zum Soldatenchor gestoßen. Bailey hatte ihn empfohlen, Steen überzeugte und wurde Zweiter Tenor. Alles andere hätte George Bailey gewundert. Immerhin stammt Purnell Steen wie er selbst aus einer Musikerfamilie. Sein Cousin ist der Bassist Charles ›Charlie‹ Burrell, der mit Billie Holiday, Duke Ellington, Count Basie performte. Und die Jazzsängerin Dianne Reeves ist Steens Cousine zweiten Grades.

Seine »wertvollste Erinnerung« an die Militärzeit, sagt Purnell Steen, sei die an ihren Auftritt im Berliner Olympiastadion im August 1969. Es war das Jahr, als seine Mutter ihn in Deutschland besuchte. »Wir fuhren mit dem Zug der US-

»*Love to my Honeybunch*«: Dieses Foto schickte George Bailey im Januar 1968 aus Heidelberg seiner Mutter zu ihrem 50. Geburtstag nach Denver.

Army von Frankfurt nach West-Berlin. Es war Nacht, aber schrecklich heiß. Als wir an der DDR-Grenze ankamen, wurde die elektrische Zuglok abgekoppelt und durch eine sehr alte Dampflok ersetzt.« Am nächsten Morgen erreichten sie Berlin, da war seine Mutter längst gelandet, hatte Tegel verlassen und im *Hilton* eingecheckt. Purnell und George besuchten sie am späten Nachmittag. »Ich erinnere mich, dass George einen großen Blumenstrauß und Schokoladenbonbons für ›Mama Steen‹, wie er sie liebevoll nannte, gekauft hatte. Wir kamen im Hotel an und wurden ins Penthouse geführt. Ich hatte keine Ahnung, wie ich diese Luxus-Suite mit Klavier und Blick auf das Brandenburger Tor bezahlen sollte. Von dort aus konnte man bis nach Ost-Berlin sehen, wo es noch viel Freiraum, ohne Gebäude, gab.« Wenigstens erfuhr Steen bald, dass das Hotel überbucht war und seine Mutter deshalb die Suite hatte beziehen dürfen.

Auf ihrem Konzertprogramm stand, wie immer, *Amen*, ein amerikanisches Spiritual, von George Bailey neu arrangiert, gesungen von Tenor Oral Moses. »Moses konnte damals unglaublich hoch singen«, berichtet Bailey. Doch an jenem Abend im Olympiastadion gab es eine Premiere: Statt Oral Moses sang Purnell Steen das Solo: »Oral und George hatten mir erlaubt, es für meine Mutter zu singen.« Und als der letzte Ton verklungen war, hörte er tatsächlich die Stimme seiner Mutter, wie sie durchs Stadion rief: »Das ist mein Sohn!« Purnell Steen wird es nie vergessen: »Das machte meine Mutter so stolz auf mich. Und das verdanke ich George Bailey und Oral Moses.«

Im selben Jahr ging Baileys Militärzeit zu Ende. Zunächst arbeitete er noch als Organist der *Mark Twain Chapel* auf dem Militärgelände, gab Konzerte, arrangierte und komponierte. Er wollte in Europa bleiben. Für ihn gab es keinen Zweifel, er würde sich seinen Kindheitstraum erfüllen. Da passte es gut, dass er zufällig eine gewisse Mrs Jackson aus Kalifornien kennenlernte, die den Plan hatte, in Heidelberg eine Modeboutique zu eröffnen: *The Group Shoetique*, und George könnte für den Verkauf zuständig sein. Wunderbar!, dachte er, gestaltete das Ladenlogo, einen Silberknochen auf einem gemusterten Lederkissen, dekorierte die Schaufenster und Innenräume. Das Sortiment umfasste Lederwaren von Etienne Aigner, Silberschmuck aus Italien, Angorapullover aus der Schweiz. Was George Bailey aber irritierte: »Sie war nur daran interessiert, exklusiv an Frauen von amerikanischen Generälen zu verkaufen, die in dicken Militärlimousinen zu unserem Geschäft chauffiert wurden. Wenn ich meine Freunde ermutigte, in unserer Boutique einzukaufen, war sie verärgert.« George Bailey vermutete, dass sie darauf aus war, eine Konzession als PX Store, ein Ladengeschäft auf dem Militärstützpunkt, zu erhalten. Der Laden lief gut, dank Georges Bekannten. Was aber nicht gut lief, war die Beziehung zwischen der Geschäftsinhaberin und ihrem Verkäufer. Als sie George Bailey drängte, nach Frankfurt zu fahren, um einen Messestand zu betreuen, obwohl seine Großeltern ihn in Heidelberg besuchen wollten, kündigte er.

Es war September 1970 und nicht nur irgendein Besuch. Es gab zwei Feste zu feiern: den 59. Hochzeitstag der Großeltern und Big Daddys 79. Geburtstag, für Purnell Steen noch heute *the best time* in Heidelberg: »Da ich mit George in Denver aufgewachsen war, war sein Opa auch mein Big Daddy und Big Mama meine Oma.« George Bailey schrieb in sein Fotoalbum: »Purnell schenkte ihnen 60 rote Rosen und Big Mama weinte.« Auf Polaroid-Bildern sieht man die Großeltern hinter voluminösen Blumensträußen sitzen. Das Fest fand im *Sol d'Oro* statt, bei ›Ginger‹, so hieß der Eigentümer, ein Italiener mit roten Haaren, erinnert sich Steen. Big Daddy hatte seine Geige mitgebracht. Und George und sein Großvater spielten ein Duett. »Die anderen Restaurantbesucher begannen, durch die Falttür zu spicken, um nachzusehen, wer diese glamouröse Musik machte. Mit einem gigantischen Grinsen im Gesicht sagte Big Daddy, dass alle Gäste daran teilhaben dürften. Ein wunderbarer Moment. Er gab der ›Freundschaft durch Musik‹ eine neue Bedeutung.« Für Purnell Steen hatten in diesem Augenblick die deutsch-amerikanischen Beziehungen ihren Höhepunkt erreicht. Er beobachtete die Reaktion der anderen Gäste: »Als sie sahen, dass diese Musik von zwei braunhäutigen Männern vorgetragen wurde, waren sie wirklich erstaunt. Ich fühlte mich sehr glücklich, ein Teil dieses Moments gewesen zu sein.«

Vorübergehend sicherte George Bailey sein Auskommen mit Gelegenheitsjobs, als Pianist spielte er auf Hochzeiten und Partys. Und manchmal musizierte er bei weit geöffneten Fenstern in seiner Wohnung, seine Bekannte Nora sang dazu, und vor dem Haus sammelte Purnell Steen mit dem Hut Geld von Passanten ein.

Doch das genügte ihm nicht. George Bailey war jetzt 26 Jahre alt, er musste vorankommen, sich weiterentwickeln. Da kam ihm die Idee, sich am *Royal College of Music* in London für ein Vorspiel zu bewerben, um Klavier zu studieren. Und er war erfolgreich. Gleich doppelt. Nicht nur, dass er überhaupt zur Aufnahmeprüfung zugelassen wurde, er bestand sie bravourös. Offenbar war das Kuratorium beeindruckt von seinen eigenen Kompositionen, die er vorgetragen hatte. Dieser Erfolg, so sehr er sich über ihn freute, öffnete ihm jedoch letztlich nicht die Tür zum College. Wie sollte er die Studiengebühren bezahlen? »Das war undenkbar«, erzählt er bedauernd. Er hätte beim Militär ein Stipendium beantragen können, aber das College stand nicht auf der offiziellen Liste der zugelassenen Einrichtungen. Trotzdem gab er die Hoffnung nicht auf, dass sich in London ein Musikverlag für seine Kompositionen interessieren könnte. Was ihm aber fehlte, war eine Arbeitserlaubnis und Geld. Sein Quartier war das Studentenwohnheim eines Inders. George Bailey ernährte sich von nichts als Suppe und Sandwiches. »Sonntags kochte der Inder. Das war die einzige warme Mahlzeit der Woche.«

Aber in London plagte ihn nicht nur ein leerer Magen. Er hatte weder Referenzen noch ein Demo-Band dabei. »Ich war grüner als grün.« Insgesamt war es eine trostlose Erfahrung, obwohl einigen Verlegern seine Stücke gefielen. Doch sie erklärten ihm, dass es Zeit bräuchte, um interessierte Aufnahmekünstler zu finden. Und diese Zeit hatte George Bailey nicht, weil ihm eben das Geld fehlte.

Immerhin reichte es, um ein Flugticket nach Paris zu kaufen. Ernüchtert und desillusioniert verließ er London. Über eine Bekannte hatte er Kontakt zu einem französischen Musikproduzenten aufgenommen. Vielleicht würde er dort mehr Glück haben. »Aber auch er sagte: ›Sie müssen hierbleiben, eine Aufnahme dauert.‹ Dann ging mir das Geld aus. *I was out of luck and out of money.*« George Bailey rief seine Mutter an: »Honeybunch, ich bin in Paris, ohne Geld.« – »Was machst du in Paris ohne Geld?« Das sei eine lange Geschichte, aber er wäre sehr dankbar, wenn sie ihm genug Geld schicken könnte, um seine Hotelrechnung zu bezahlen und zurück nach Deutschland zu fahren. »Meine loyale Mutter machte es. Sie rettete mein Leben.«

Als er im April 1971 aus Paris zurückkam, war »ein verrückter Österreicher mit Nickname Hockey« gerade dabei, Heidelbergs ersten Unisex-Jeans-Shop zu eröffnen: *Guys and Dolls*, Hauptstraße, mitten in der Stadt, erstklassige Lage, minimalistisches Design. Ob er sich vorstellen könne, den Laden zu managen, fragte Hockey, den George einige Zeit zuvor kennengelernt hatte. George konnte sich das gut vorstellen, nachdem seine Musikerkarriere geplatzt schien. »Wir verkauften Jeans aus London und Paris.« In der Unistadt Heidelberg lief das Geschäft überaus gut, zumal auch Baileys Stammkunden aus dem *Shoetique* nun zu *Guys and Dolls* kamen. Der Erfolg machte Hockey gierig, er eröffnete einen zweiten Shop, »eine Boutique für Frauenstiefel«, und einen dritten Laden in einem neuen Einkaufszentrum in Mannheim. »Ich sagte ihm: ›Nein, das ist zu viel!‹« Das hinderte Hockey aber nicht daran, den Laden zu beziehen und Bailey nach Mannheim zu schicken. »Ich war nicht glücklich in Mannheim. Das war ein fataler Fehler. Es wurde ein totaler Flop.«

6.

Über 100 Kilometer für einen Besuch beim Zahnarzt. Nicht zur Behandlung, nur so, zum Vergnügen. Party statt Prophylaxe. »George, du musst am Wochenende nach Stuttgart kommen.« Purnell Steen versuchte, ihn zu überzeugen. Seit einiger Zeit lebte Steen in der Landeshauptstadt und war bekannt mit Harald Fiegle, einem Zahnarzt, der sich um die Gebisse prominenter Patienten kümmerte. Nicht weniger prominent: die Lage seiner Praxis in der Stafflenbergstraße, gesäumt von prächtigen Villen, nur unweit von seiner Wohnung. »Du musst kommen«, wiederholte Steen, »da sind Leute vom *Stuttgarter Ballett*!«

Harald Fiegle war so etwas wie der Zahnarzt der Kompanie. »Eine Zeitlang gingen wir alle da hin«, erinnert sich Egon Madsen, damals Erster Solist. »Harald Fiegle war mein Zahnarzt«, erzählt auch die ehemalige Primaballerina Marcia Haydée. »Wenn man Zahnschmerzen hatte, sagte John Cranko: ›Geh zu Harald!‹ Dann sind wir zu Harald gegangen. Er hatte einen engen Kontakt zu John, war ein guter Bekannter der Kompanie. Für manche ein Freund, für andere nur ein Bekannter.«

Tagsüber Zahnarzt, abends und wochenends großzügiger Gastgeber: Für die meisten Tänzerinnen und Tänzer waren Fiegles Feste After-Work-Partys. Direkt nach der Vorstellung ging's vom Opernhaus in seine Wohnung »Im Schellenkönig«, unterhalb der Villa Reitzenstein. Ein Samstagabend im Herbst 1971: »Okay, ich komme«, hatte George Bailey versprochen und war mit dem Zug von Heidelberg nach Stuttgart gefahren. Als er eintraf, wurde in Fiegles Wohnung bereits geplaudert, gelacht, gegessen. »Die Tänzerinnen und Tänzer waren ausgehungert«, sagt Steen, der erstaunt war, wieviel sie auf der Party verzehrten. Und noch etwas: »Ich erinnere mich, dass die Ballerinen mit nackten Füßen vom Cocktailtisch auf den Boden sprangen und sich nicht die Zehen brachen. Ihre Füße waren deformiert und hatten Schwielen.«

Floyd Thomas hatte George und Purnell zu dieser Party eingeladen. Beide hatten ihn in Heidelberg kennengelernt, wo er als Zivilist bei der US-Army gearbeitet hatte. »Floyd kannte John Cranko sehr gut und war stolz darauf, ihm zwei schwarze Amerikaner vorzustellen, die sehr intelligent waren und etwas Deutsch sprechen konnten, George und mich.« Einen gewissen Ruhm hätten sie schon gehabt als ehemalige Mitglieder des Soldatenchors der Siebten Armee, der ausgiebig durch Deutschland und Europa getourt war. »John Cranko war auch fasziniert davon, dass George und ich klassische Musik kannten, sogar Ballettmusik.«

George Bailey hatte bis dahin weder vom *Stuttgarter Ballett* gehört, noch sagte ihm der Name John Cranko etwas. Manchmal sei es ein Glück, wenn man nicht wisse, wer die Leute seien, weil man ihnen dann nicht so ehrfürchtig begegne, meint er. Purnell Steen faszinierte es, dass Cranko Südafrikaner war. Er hatte noch nie einen Südafrikaner getroffen. Ein charmanter Mann, fanden beide. »Aber er rauchte ununterbrochen und trank viel Alkohol an diesem Abend«, erinnert sich Steen.

Marcia Haydée, Susanne Hanke, Egon Madsen, Richard Cragun, Heinz Clauss, sie alle und noch viele weitere Tänzerinnen und Tänzer vergnügten sich an jenem Samstagabend bei Harald Fiegle, zusammen mit Fans und Freunden des *Stuttgarter Balletts*. John Cranko wirkte auf George Bailey trotz des Trubels einsam, sehr einsam. Im Laufe des Abends bestätigte sich dieser Eindruck auf bedrückende Weise, als Cranko sich plötzlich zu ihm umdrehte und wissen wollte: »*Why was I born to be alone?*« – »*I don't really know. I can't answer that question*«, erwiderte George

Bailey überrascht, worauf Cranko nur »*Yes, yes*« sagte. »Was hätte ich sagen sollen?«, fragt sich Bailey heute. »Ich hatte ihn noch nie getroffen.«

Am Sonntag fuhr George Bailey mit dem Zug zurück nach Heidelberg. Ein schönes Fest, hat Spaß gemacht, das war's, dachte er zunächst. Aber da hatte er falsch gedacht. Zufällig war das die Party, die sein Leben verändern sollte!

Als Purnell Steen wenige Wochen darauf über Harald Fiegle erfuhr, dass Cranko auf der Suche nach einem Pianisten war, dachte Steen sofort: Das wäre doch was für George! Er wusste, dass George in den Modeboutiquen in Heidelberg und Mannheim nicht glücklich war. Er musste am Theater vorspielen, unbedingt. »George ist ein brillanter Pianist und so charmant, dass ich wusste, er würde hervorragend zum Ballett passen.«

John Cranko suchte einen Pianisten für das Zweite Klavierkonzert von Johannes Brahms. Der Choreograf arbeitete an einem neuen Werk, kein Handlungsballett, ein klassischer Einakter in vier Sätzen: *Initialen R.B.M.E.* für seine vier Starsolisten und Freunde Richard Cragun, Birgit Keil, Marcia Haydée und Egon Madsen. Für den 19. Januar 1972 war die Uraufführung geplant. Anschließend würde die Kompanie auf Tournee durch Russland gehen – auch mit diesem Stück. Und dafür brauchte Cranko noch einen Pianisten, der das *Klavierkonzert Nr. 2* beherrschte.

Auch Floyd Thomas forderte George auf, sich zu bewerben: »*For god's sake call*«, hatte er ihm auf einen kleinen gelben Zettel geschrieben und ihn nach Heidelberg geschickt. »Du wärst ein Narr, wenn du dir so eine Gelegenheit entgehen lassen würdest!« George Bailey, inzwischen 27 Jahre alt, überwand sich, rief Harald Fiegle in Stuttgart an und bekundete sein Interesse. Woraufhin Harald Fiegle versprach, Cranko davon zu unterrichten und Baileys Telefonnummer weiterzugeben. Nun wartete Bailey also auf eine Nachricht aus dem Theater. Lange ließ sie nicht auf sich warten. »John Cranko hat

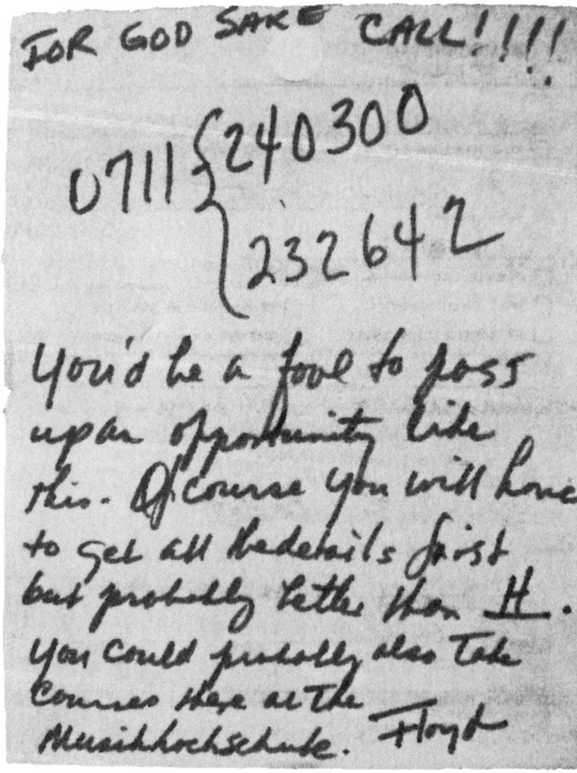

FOR GOD SAKE CALL!!!

0711 {240300
232642

You'd be a fool to pass
up an opportunity like
this. Of course you will have
to get all the details first
but probably better than H.
You could probably also take
courses here at the
Musikhochschule. Floyd

Dieser Zettel veränderte Georges Leben: »Du wärst ein Narr, wenn du dir so eine Gelegenheit entgehen lassen würdest!« Floyd Thomas forderte ihn auf, sich beim *Stuttgarter Ballett* um ein Vorspiel zu bemühen.

zu mir gesagt, ich solle in Heidelberg anrufen. Es gebe dort einen Pianisten, der in einer Boutique arbeite. Er solle zum Vorspiel nach Stuttgart kommen«, berichtet Ingrid Bruy, die als junge Frau aushilfsweise für das *Stuttgarter Ballett* arbeitete, bevor sie zu dessen Geschäftsführerin und Administrativer Leiterin aufstieg. Also rief sie George Bailey an, er kam nach Stuttgart und sie sah »einen zurückhaltenden jungen Mann«.

Was ihr sofort auffiel: »Er war besonders liebenswürdig und wohlerzogen.«

Donnerstag, 21. Oktober 1971: Zwei Tage zuvor hatte sich George Bailey in einem Heidelberger Musikgeschäft die Partitur von Brahms' Klavierkonzert gekauft. Allerdings versehentlich *Nr. 1*, nicht *Nr. 2*, was ihm zunächst gar nicht aufgefallen war. An jenem kalten Herbsttag lief Bailey vom Stuttgarter Hauptbahnhof durch den Schlossgarten, vorbei an Eckensee und Opernhaus. Er war nervös, aber voller Vorfreude. Unter seinem linken Arm trug er unzählige Partituren. Acht Jahre waren vergangen, seit er als Student mit der *Denver University Jazz Band* nach Stuttgart gekommen und fasziniert gewesen war von diesem Schloss mitten in der Stadt. Wie konnte es sein, dass ihm damals das Opernhaus gar nicht aufgefallen war, die geschwungene Fassade mit ihren sechs Doppelsäulen, dazwischen die hohen Rundbogenfenster und über den Dachrand hinauskragend zehn allegorische Figuren? An der Pforte des Künstlereingangs war er mit Ballettdirektor John Cranko und Musikdirektor Ashley Lawrence verabredet. Noch war es zu früh, doch zufällig traf er dort eine junge Frau, die ihm anbot, ihm das Theater zu zeigen. »Sie war sehr nett und sehr schön mit ihren langen Haaren.« Als George Bailey sie fragte: »Was machst du hier?«, antwortete sie nur: »Ich tanze ein bisschen mit der Kompanie.« Später erfuhr er, dass es Judith Reyn war, damals Erste Solistin. »Sie war ein Star und so bescheiden.«

Die Tänzerin führte den Neuankömmling zur Bühne, dann hinter die Kulisse, hoch in den Ballettsaal und wieder hinab ins Foyer des ersten Ranges. Hier hingen also die Kristallleuchter, die er von außen durch die Fenster erspäht hatte. Was für ein Blick über den See! »Ich konnte es nicht glauben! Ich hatte nie ein Theater wie dieses gesehen. Eine komplett andere Welt.« In diesem Moment dachte er: Oh, hier würde ich gerne arbeiten! Aber er verdrängte diesen Gedanken sofort wieder und ermahnte sich selbst: Sei mal zufrieden, dass du überhaupt so etwas Schönes sehen darfst!

Rasch lief er zurück zum Künstlereingang, wo bereits Cranko und Lawrence warteten. Hinter der ersten Tür rechts befand sich das Zimmer des Musikdirektors, ein Flügel füllte den Raum – und eine unangenehme Hitze, offenbar war die Heizung zu weit aufgedreht. John Cranko öffnete das Fenster und setzte sich auf einen Stuhl, der in einer Ecke stand, Lawrence neben ihn. George Bailey legte seinen Mantel ab, stellte die Noten aufs Klavier, sammelte sich kurz und fragte: »Was möchten Sie gerne hören?« Cranko antwortete, höchst liebenswürdig: »Was immer Sie vorbereitet haben.« Bailey spielte sein ganzes Repertoire, spielte und sang. Das Einzige, was er nicht tat, war zu tanzen. Cranko und Lawrence saßen hinter seinem Rücken, so dass er ihre Gesichter nicht sehen konnte. Seine Blicke hielt er auf die Noten gerichtet. »Da waren sie also, zwei große Männer, und hörten mein bescheidenes Talent«, schrieb er an jenem Abend des 21. Oktober 1971 in sein Tagebuch mit dem hellbraunen Ledereinband. »Aber ich spielte aus ganzem Herzen Klassik, Popular, Jazz und meine eigenen Kompositionen. Vielleicht 30 Minuten, vielleicht länger. Sie waren nicht das größte Publikum, vor dem ich je gespielt habe, aber das aufmerksamste, zuvorkommendste und verständnisvollste.«

Schließlich wandte er sich zu ihnen um und fragte: »Gibt es noch etwas, das Sie hören möchten?« Worauf Cranko sofort erwiderte: »So ein schönes Privatkonzert habe ich seit Jahren nicht gehört.« Doch Ashley Lawrence schloss die entscheidende Frage an: »Wie wäre es mit Brahms?« Bailey entschuldigte sich, erklärte kleinlaut, er habe nicht genügend Zeit gehabt, um sich vorzubereiten, dass er sich die Noten zwar gekauft habe, aber erst vor zwei Tagen und noch dazu die falschen. »George, wir brauchen jemanden, der das im Repertoire hat«, entgegnete Lawrence. – »Sorry, ich habe es nicht in meinem Repertoire«, musste Bailey zugeben. Aber da sagte Cranko: »Wie wäre es

Georges Tagebucheintrag am 2. Juni 1972: »Ein weiteres Kapitel meines Lebens ist zu Ende gegangen ...«

mit *Rehearsal Pianist*? Probenpianist? Wir brauchen einen Korrepetitor für die *Noverre-Company*.« Was war ein Korrepetitor? Was war die *Noverre-Company*? Der Pianist hatte keine Ahnung, welcher Job ihm da gerade angeboten wurde, aber er antwortete mit einem enthusiastischen: »*Yes!*« Und dachte: Ich werde es versuchen, wenigstens ein, zwei Jahre lang. Wenn es nicht klappt, werde ich einfach etwas anderes machen. Er bedankte sich, packte seine Noten zusammen, fuhr zurück nach Heidelberg. Er wartete. Dann kam der Anruf aus Stuttgart.

»Cranko war total begeistert von George«, erinnert sich Ingrid Bruy. »Offenbar hatte er wunderbar gespielt. Und er ist ja auch eine reizende Person.« Nachdem sie seinen Vertrag vorbereitet hatte, rief sie ein zweites Mal in der Boutique an. George Bailey nahm sich einen Tag frei, fuhr nach Stuttgart, unterzeichnete den Vertrag, fuhr zurück nach Heidelberg und kündigte bei Hockey. »Für ihn war das hart«, sagt George Bailey. Am 2. Juni 1972 schrieb er in sein Tagebuch: »Ein weiteres Kapitel meines Lebens ist zu Ende gegangen.«

7.

Allein wie George Bailey zu seinem Job beim *Stuttgarter Ballett* kam, ist für Albrecht Mayer unvorstellbar, aber faszinierend. »Dass eines Tages ein gelber Zettel kommt, auf dem – Schwäbisch gesagt – draufsteht: *Du wärsch blöd, wenn du des net macha dätsch.* Dass George nicht ahnend, auf was er sich da einlässt, vorspielt. Dass er sich mit dem falschen Klavierkonzert munitioniert, das er – wenn man's genau nimmt – auch nicht spielen konnte.« Dass George Bailey also die Voraussetzungen für diesen Job gar nicht erfüllte, aber John Cranko derart angetan war von seinem Entertainment, dass er ihm rasch einen anderen Posten anbot. »George hatte ja damals schon diese Ader, Show zu machen«, sagt Albrecht Mayer. Nun, darin hatte er Erfahrung. Und lange genug hatte er seinen Großvater beobachtet, der es verstand, sein Publikum blendend zu unterhalten.

John Cranko hatte sofort entschieden: Er wollte den Amerikaner in seinem Ensemble haben. Das veranlasst Albrecht Mayer zu einem Vergleich. Er selbst wurde 1943 in Meßstetten auf der Schwäbischen Alb geboren, studierte Jura in Tübingen und Genf, arbeitete dann am baden-württembergischen Kultusministerium. Wie wäre dieses Bewerbungsgespräch wohl im Ministerium abgelaufen? Die Frage ist eigentlich gar keine Frage, weil Mayer die Antwort kennt und sich bildhaft vorstellen kann: »Unsereiner muss tausend Prüfungen machen und was weiß ich. Und da läufst jemandem übern Weg und schwupp.«

Auch George Bailey und Albrecht Mayer liefen sich über den Weg – zufällig zwischen Opernhaus und Eckensee. Albrecht Mayer war mit dem Fahrrad in der Stadt, er wohnte damals in Wangen, unten am Neckar. Vor dem Opernhaus war er vom Rad abgestiegen, weil ein Straßenkünstler dort selbst gemalte Bilder zum Verkauf ausgelegt hatte. Es war im

Der Amerikaner und der Schwabe: George Bailey und Albrecht Mayer sind seit 1972 ein Paar.

Juni 1972. Theaterbesucher in Abendgarderobe waren in der Pause aus dem dunklen Saal ins Freie gekommen, unter ihnen auch George Bailey. Er sah sich die Bilder an. Albrecht Mayer sah sich die Bilder an. Dann sahen sie einander an. Dass dieser junge Mann mit den halblangen, dunkelbraunen Haaren und den leuchtend blauen Augen nicht im Theater gewesen sein konnte, war Bailey sofort klar, als er das Fahrrad sah und die weißen Shorts, die er trug. »Ich erinnere mich an seine schönen Beine«, erzählt George Bailey. »Ich habe gesagt: ›*My name is George. What's yours?*‹« – »Albrecht«, erwiderte der Mann mit dem Fahrrad. George konnte den Namen nicht aussprechen und nannte ihn Al.

Noch bevor George Bailey in der folgenden Saison als Pianist an den Staatstheatern beginnen sollte, hatte ihn John Cranko zu einer Vorstellung eingeladen. In Stuttgart war Ballettwoche, der Spielplan bestückt mit Crankos Highlights: *Der Widerspenstigen Zähmung*, *Initialen R.B.M.E.*, *Jeu de Cartes*, *Brouillards*, *Opus 1* und *Poème de l'Extase* mit der britischen Primaballerina Margot Fonteyn. Bei Crankos *Konzert für Flöte und Harfe* und Peter Wrights *Giselle* saß George Bailey stolz neben John Cranko in der Ballettmeisterloge, erster Rang. Da erzählte ihm der Choreograf, wie seine handlungslose Komposition 1966 entstanden war. Damals studierte Wright als Gast mit der Kompanie die Neufassung von *Giselle* ein. Im ›weißen Akt‹, dem Tanz der Geisterschwestern, hatten die männlichen Kompaniemitglieder aber nichts zu tun. Also choreografierte Cranko ein *Ballet blanc* für zwölf Tänzer und zwei Ballerinen. »Ich glaube, es hat ihn gefreut, dass er diese Geschichte mit mir teilen konnte«, meint Bailey. Und der junge Amerikaner war beeindruckt von der technischen Brillanz der Tänzer und der Musikalität des Choreografen.

Nach der Vorstellung war er mit Albrecht Mayer verabredet, der in der Zwischenzeit nach Wangen geradelt war, sich umgezogen hatte, mit seinem VW zurück in die Innenstadt gefahren war und ihn gegenüber dem Opernhaus abgestellt hatte. Wo heute die Neue Staatsgalerie steht, war in den 70er Jahren noch kriegsgeschädigtes Brachgelände, das als provisorischer Parkplatz genutzt wurde.

Es war nicht so, dass es gleich gefunkt hätte zwischen dem Mann aus Meßstetten und dem Amerikaner. Sie verbrachten einen netten Abend, dann fuhr George Bailey zurück nach Heidelberg. »Kein: ›Ich komme übermorgen nach Heidelberg.‹ Nichts dergleichen«, sagt Albrecht Mayer. Sie hatten vereinbart, sich wieder einmal zu treffen, wenn George nach Stuttgart gezogen wäre.

Im Herbst 1972 trat auch Albrecht Mayer einen neuen Arbeitsplatz an: Der Jurist wechselte vom Landratsamt Waiblingen ans Kultusministerium, zog von Wangen in die Moserstraße, nur wenige Minuten von den Staatstheatern entfernt. Auf dem Weg ins Büro lief er nun jeden Tag am Opernhaus vorbei. Er mochte Musik und Kunst, ein großer Ballettfan war er aber nicht. Zwar sah er sich ab und zu eine Vorstellung an, aber an »totaler Hingabe« fehlte es ihm. Als ihm jedoch einmal auf dem Heimweg der Erste Solist Egon Madsen entgegen kam, den er nicht persönlich, aber als Tänzer kannte, dachte Mayer: »Könnsch eigentlich mal gucken, vielleicht ist der Typ aus Heidelberg jetzt da.« Er schaute auf den Aushang, für den Abend war ein Ballettabend mit *Initialen R.B.M.E.* und *Brouillards* angekündigt, Mayer ergatterte noch einen Sitzplatz im dritten Rang. Von dort oben suchte er nach der ersten Pause die Reihen im Parkett ab. Aber George Bailey konnte er nirgendwo entdecken. »Das sind ja die Rituale der Ballettleute, die nicht auf der Bühne stehen. Sie kommen erst in den Zuschauerraum, kurz bevor der Vorhang aufgeht.« Als die Kristalllüster sich gerade verdunkelten, sah er plötzlich George Bailey, der fast als Letzter durch die Tür kam und sich in die erste Reihe setzte, rechts vorne. Albrecht Mayer stand oben links. »Aber ich würde ihn aus der Distanz auch heute noch erkennen«, scherzt er. Nach der Vorstellung passte er Bailey ab, von da an verabredeten sie sich regelmäßig, verliebten sich und wurden ein Paar. Sie verbrachten so viel Zeit wie möglich miteinander, besuchten Museen, Konzerte, Restaurants – und ins Theater gingen sie sowieso. In der Öffentlichkeit zeigten sie sich jedoch nur als gute Bekannte. »Es war alles ein bisschen geheim, weil Al im Ministerium gearbeitet hat«, sagt Bailey. Noch bis Mitte der 60er Jahre wurden Beschäftigte des Öffentlichen Dienstes wegen Homosexualität vom Dienst suspendiert. »Wenn wir in der Stadt waren und er einen Kollegen sah, ging Al da lang und ich dort lang. Dann haben wir uns später wieder getroffen. Das war nicht so einfach. Aber wir haben es überlebt.«

Albrecht führte George »schrittweise« in seine Familie ein. »Ich habe einfach gesagt: Ich gehe in den Urlaub mit George. Wir fahren mit dem VW in die Schweiz, nach Zürich, Winterthur und an den Vierwaldstätter See.« Irgendwann brachte er ihn dann mit nach Hause. Als sie George sah, sagte seine Mutter: »Du hast uns gar nicht gesagt, dass er Schwarzer ist.« Das sei gewesen wie im Kino. Beide müssen an den amerikanischen Film *Guess Who's Coming to Dinner* von 1967 denken über eine weiße junge Frau, die ihren Verlobten, einen Afroamerikaner, mit nach Hause bringt.

»Albrecht ging immer cool damit um«, erzählt George Bailey. Er habe ihn oft gefragt: »Ist es nicht noch schwieriger für dich, weil ich ein Farbiger bin?« Aber Albrecht fragte einfach zurück: »›Wieso?‹ Für ihn war das kein Problem.«

Wer aber ein Problem damit hatte, war Baileys Mutter. Jahrelang hatte sie darauf gewartet, dass ihr Sohn eines Tages eine Frau und irgendwann Enkelkinder mit nach Hause bringen würde. »Ich hatte immer *girl friends*, gute Freundinnen, aber keine Liebesbeziehungen. So wie ich als Kind immer mit meinen Cousinen gespielt habe.« Als George Bailey mit seinem Partner das erste Mal nach Denver flog, stellte er ihn als guten Freund vor. »Wir haben nicht darüber gesprochen. Es war ein Tabu. Ich glaube, meine Mutter hat das erst realisiert, als Albrecht und ich 25 Jahre zusammen waren.«

George Bailey hatte ein Fest organisiert, im *Logo-Bistro* im Stuttgarter Haus der Wirtschaft, zum Jubiläum ihrer Beziehung und zum 80. Geburtstag seiner Mutter, mit einer Torte in der Form eines Klaviers für Honeybunch. Nur kurz hatte er sich vom Tisch erhoben und war weggegangen, um die Überraschung vorzubereiten, da hatte die Wirtin seiner Mutter schon erzählt: »George und Albrecht sind ein Paar.« Marian Morrison Robinson war schockiert und fing verzweifelt an zu weinen, gerade in dem Augenblick, als ihr Sohn mit strahlendem Gesicht die Überraschungstorte hereinschob. »Es war schwierig für meine Mama, schwierig für Albrecht und schwierig für mich. Aber das muss man in Kauf nehmen. Das ist das Leben!«

Sie seien beide Söhne von Müttern, die eigentlich eine Tochter gewollt hätten, sagt Albrecht Mayer. »Meine Mutter ist damit hausieren gegangen, dass sie gerne ein Mädchen hätte. Das dürfen Eltern einfach nicht machen! Das ist ein Problem bei der Identitätsfindung. Dann sollen sie sich hinterher nicht wundern. Das ist meine Quintessenz aus dem Erlebten. Eltern müssen ihr Kind annehmen, wie die Natur es bringt – und fertig!« Auch George Bailey hatte ja als Kind immer das Gefühl gehabt, seine Mutter wäre mit einer Tochter glücklicher gewesen.

Seit fast 50 Jahren sind George Bailey und Albrecht Mayer nun ein Paar. Am 24. März 2016 begründeten sie eine eingetragene Partnerschaft, am 9. November 2017 heirateten sie. Eines will Albrecht Mayer noch loswerden: Ohne den *Gay Circle*, zu dem Purnell Steen und Floyd Thomas gehörten, hätte George Bailey Harald Fiegle und John Cranko womöglich nie kennengelernt. Fiegle war nicht nur Zahnarzt, er war zudem ein eifriger Netzwerker. Zu seinen Patienten zählte auch Hans Werner Henze, einer der bedeutendsten deutschen Komponisten des

20. Jahrhunderts, den Fiegle noch mit George Bailey bekanntmachen würde.

Einen Zahnarzt hatte Bailey also schon in Stuttgart, aber noch keine Bleibe. Nach seinem Umzug von Heidelberg nach Stuttgart wohnte der Pianist deshalb zunächst einige Zeit bei Fiegle. »Man hielt zusammen, half sich aus«, berichtet Bailey. Bald jedoch fand er eine Annonce in der *Stuttgarter Zeitung*: »Zimmer zu vermieten, Werastraße« – das war nicht weit vom Theater, das musste er sich anschauen! Bailey machte sich sofort auf, klingelte, die Vermieterin öffnete die Tür. Und das Erste, was sie rief, als sie ihn sah: »Ich habe Angst! Ich habe Angst!«

George Bailey drehte sich um, um zu schauen, vor was sie denn solche Angst hatte. Da war aber nichts. Offenbar war sie noch nie einem farbigen Mann begegnet. Einen kurzen Moment überlegte er, wie er reagieren sollte. Schließlich sagte er nur: »Sie brauchen keine Angst zu haben. Ich bin hier wegen des Zimmers.« Dass er Deutsch sprach, schien sie zu beruhigen. Und als er erzählte, dass er als Korrepetitor *beim Stuttgarter Ballett* angestellt sei, war sie erleichtert. Sie zeigte ihm das Zimmer, ein Zimmer in ihrer eigenen Wohnung, das fortan sein Zimmer sein sollte. »Sie war sehr nett, wir verstanden uns gut.« George Bailey zog bei ihr ein.

Im Nachhinein dachte er oft an dieses kurze Gespräch an der Haustür. Er lacht und sagt: »Vielleicht hätte ich entgegnen sollen: ›Sie brauchen keine Angst zu haben, ich habe schon gefrühstückt.‹«

8.

Im Keller des Verwaltungsgebäudes, zwischen *Großem* und *Kleinem Haus*, war einst das Theaterrestaurant untergebracht, mit hölzernen Möbeln und weißen Tischdecken, bis es im September 1944 zerstört wurde: Als Brandbomben der *Royal Air Force* in der Stuttgarter Innenstadt einen Feuersturm entfachten, stürzte auch das *Kleine Haus* zu einer rauchenden Ruine zusammen. Nach dem Zweiten Weltkrieg entstand anstelle des Restaurants ein kleiner, zweiter Ballettsaal. Und seit der Spielzeit 1970/71 trainierte dort auch eine zweite Balletttruppe: *Noverre-Company* nannte sie John Cranko oder *Noverre-Ballett*, nicht ›junges Ballett‹, nicht ›zweite Kompanie‹, um das Ensemble nicht schon durch den Namen herabzuqualifizieren. Aber tatsächlich handelte es sich um die zweite Riege von Tänzerinnen und Tänzern, weil sie für Aufgaben vorgesehen waren, die Cranko dem *Stuttgarter Ballett* nicht weiterhin aufbürden wollte.

Von 1961 bis 1973 choreografierte John Cranko als Stuttgarter Ballettdirektor rund 50 Ballette, zum Beispiel *Jeu de Cartes*, ein getanztes Kartenspiel, oder *Opus 1*, ein Leben in elf Minuten. Nach *Romeo und Julia* folgten zwei weitere abendfüllende, bald weltberühmte Handlungsballette: *Onegin* und *Der Widerspenstigen Zähmung*. Cranko formte den Tanzchor aus der schwäbischen Provinz zu einem international gefragten Ensemble mit umjubelten Stars wie der Primaballerina Marcia Haydée, Richard Cragun, Egon Madsen oder Birgit Keil. Zwar inszenierte schon sein Vorgänger Nicholas Beriozoff abendfüllende Klassiker und mehrteilige Ballettabende, aber das Ensemble wurde vorwiegend für Tanzeinlagen in Opern und Operetten eingesetzt.

Mit dem Erfolg von Crankos Werken trafen immer häufiger Anfragen aus dem Ausland ein. Im Sommer 1969 flogen die Tänzerinnen und Tänzer zu ihrem ersten Gastspiel nach New York, in die »neue Hauptstadt« des Balletts, wie Generalintendant Walter Erich Schäfer damals sagte. Insgesamt 24 Vorstellungen, allein die Premieren von *Onegin* und *Der Widerspenstigen Zähmung* waren ein grandioser Erfolg: 4000 Plätze in der *Metropolitan Opera* ausverkauft, tosender Applaus, Standing Ovations. Kritiker Clive Barnes schrieb in der *New York Times* vom *Stuttgarter Ballettwunder*, nannte die Kompanie erstmals »*The Stuttgart Ballet*«, wie sie noch heute heißt. Und rückblickend auf die Saison bemerkte er: »Das *Stuttgarter Ballett* hat New York ganz und gar für sich gewonnen – teils durch seine Ballette, teils durch seine tänzerischen Leistungen, in der Hauptsache jedoch durch seinen Geist.«

Nach diesem Triumph erschienen in der Saison 1969/70 mehr Ballettaufführungen auf dem Spielplan der Staatstheater Stuttgart. Zudem tourte die Kompanie bereits im Herbst 1969 durch 16 Städte der Vereinigten Staaten. Im folgenden Jahr gastierte sie in Israel, 1972 in Leningrad, Riga und Moskau, wofür Cranko einen Pianisten gesucht hatte, der das Zweite Klavierkonzert von Johannes Brahms beherrschte.

Der Choreograf hatte das abendfüllende Handlungsballett erneuert, ein eigenes Repertoire aufgebaut, das Ensemble zu einer der renommiertesten Ballettkompanien der Welt gemacht. Deshalb wollte er es nicht länger hinnehmen, dass einige seiner besten Solistinnen und Solisten Zeit, Energie und Talent verschleudern mussten, um in Opern zu tanzen. Und wie sollten sie die zunehmenden Gastspiele im In- und Ausland auch noch an die Probenpläne und Vorstellungstermine der Oper anpassen? Die Lösung war ein zweites Ensemble: Die jungen Tänzerinnen und Tänzer sollten künftig die Operneinlagen tanzen und mitunter sogar eigene Ballettabende inszenieren. Die Truppe wurde nach dem berühmten französischen Choreografen Jean-Georges Noverre benannt, der schon 1958 der Stuttgarter *Noverre-Gesellschaft* als Namensgeber gedient hatte. Der kunstsinnige Herzog Carl Eugen hatte ihn zwischen 1760 und 1767 als Ballettmeister am württembergischen Hof engagiert. Noverre reformierte das Ballett. Vom sinnfreien Schautanz am Ende eines Opernaktes entwickelte er es zum dramatischen Handlungsballett, fünfzig Tänzer gehörten zu seiner höfischen Kompanie. Damals war Stuttgart ein Ballettzentrum Europas, bevor es erneut im Dornröschenschlaf versank.

Mit John Cranko erwachte das Ballettleben wieder. Generalintendant Schäfer fand sogar, das Leben des Balletts und Theaters sei mit Cranko »in eine neue Dimension getreten«. Neben den Autos aus Stuttgart kenne man nun auch die Stadt selbst. John Cranko setzte sich für neue Verträge und bessere Gagen der Tänzerinnen und Tänzer ein, forderte, ihre geringeren Gehälter jenen von Sängern und Schauspielern anzupassen: »Wir haben so einen riesigen Erfolg gehabt, dass John Cranko gegenüber den Politikern stärker geworden ist, dass er etwas verlangen konnte. Er hat eine Ballettschule bekommen, er hat die zweite Kompanie bekommen. Alles sprudelte damals. John war ein Superstar, Marcia, Egon, Ricky waren Superstars. Genau zu diesem Zeitpunkt kam George, als alles war wie Popcorn«, erinnert sich Reid Anderson, ehemaliger Erster Solist und Nachfolger von Marcia Haydée als Ballettintendant.

Herrscher im Untergeschoss des Verwaltungsgebäudes, wo die *Noverre-Kompanie* trainierte, war Ballettmeister Alan Beale, ein Schotte. In dieses Reich trat nun also George Bailey ein, der vom Ballett nichts kannte als den *Nussknacker*, der in seiner Kindheit zu Weihnachten in Denver vorbeigeschaut hatte, im Publikum in der ersten Reihe Marian Morrison Bailey zwischen ihren beiden Söhnen. George bewunderte die Kostüme,

Glitzer und Glamour, die Tänze, die Atmosphäre. Und er hatte endloses Mitgefühl mit den Mädchen auf Spitze: »Ich dachte: Das müssten die schlimmsten Schmerzen der Welt sein.« Aber Ballettmusik fand er damals *tritty, tritty*. Wenn ihm seine Mutter während des Klavierunterrichts die Noten eines Balletts vorlegte, war das nicht anders: »Ich mag das nicht«, quengelte George. »Kann ich nicht was anderes spielen?«

Selbst getanzt hatte er allerdings schon, wenn auch nicht klassisch: Bei den Pfadfindern hatte er Stepptanz gelernt, auf Partys war Modern Dance angesagt und bei Gesellschaftstänzen machte er eine gute Figur, nachdem er seine Mutter und Großmutter in den Tanzsälen von Denver unzählige Male übers Parkett geführt und gedreht hatte.

In jenem Sommer 1972, bevor George Bailey seinen neuen Job als Pianist der *Noverre-Kompanie* antrat, besuchte er wie jedes Jahr seine Mutter in Denver und seinen Vater in Dallas. Als James Thomas Bailey erfahren hatte, dass sein Sohn bald als Korrepetitor beim *Stuttgarter Ballett* anfangen würde, hatte er sofort eine russische Ballettlehrerin angerufen, die in Dallas eine Ballettschule betrieb. Ob sein Sohn mal bei ihr spielen könne, fragte er. Klar doch, sonst habe sie fast nur Musik vom Band und nie live im Unterricht. Baileys erste Ballettstunde, das war aufregend!

Seine Stuttgarter Theaterpremiere hatte er am 4. September 1972, einem Montag. George Bailey war nun »Tanzübungsmeister des Balletts und der Ballettschule der Württembergischen Staatstheater«. So stand es in seinem Arbeitsvertrag. Aber von den Exercises an der Stange und in der Mitte, von den verschiedenen Positionen, Körperhaltungen, Bewegungen, Ballettschritten, von Drehungen und Sprüngen, von *Dancer counts* hatte er nicht die geringste Ahnung. Hinzu kam, dass Alan Beale als Ballettmeister für das tägliche Training ausschließlich Klassik akzeptierte, anhand einer sehr limitierten Liste von Lieblingskomponisten.

George Bailey musste sich dringend ein eigenes Repertoire für den Unterricht zusammenstellen. Jeden Abend, wenn er seine Arbeit am Theater beendet hatte, begann ein noch härterer Job: Er machte sich auf in die Landesbibliothek, suchte dort nach klassischen Kompositionen, lieh sich Klavierauszüge, manchmal auch komplette Orchesterpartituren von Balletten und Opern aus, trug sie nach Hause und spielte so lange, bis er etwas gefunden hatte. Wenn er meinte, dass die Musik für bestimmte *Exercises* passen könnte, machte er eine Kopie und probierte das Stück im nächsten Balletttraining aus. Wenn es klappte und Alan Beale zufrieden war, nahm Bailey es in sein Repertoire auf, das er auf diese Weise langsam und nur mühsam aufbaute. Zudem schaute Bailey bei einigen Ballettstunden seines Kollegen, Korrepetitor Francis Rainey, zu: »Er berichtete mir von den verschiedenen *Exercises*. *Pliés*: Dreivierteltakt oder Sechsachteltakt, *Tendus*: Viervierteltakt.«

Immerhin kündigte Alan Beale zu seinen Übungen auch die Tempi an: dreiviertel, vierviertel, zweiviertel. Wann immer George Bailey aber zwischen den klassischen Stücken ein Musical-Stück einschob, einen Song aus *My Fair Lady*, *Cabaret* oder *West Side Story*, reagierte Alan Beale harsch: »*Play something else! Play something else!*« Keine Anweisung hat der Pianist öfter gehört als diese. Für ihn ist sie untrennbar mit Alan Beale verbunden. »Oh Honeybunch«, schrieb er seiner Mutter, es sei so schwierig, Musik zu finden, die dem Ballettmeister gefalle. Sie schickte ihm daraufhin Bibelsprüche, damit er zur Ruhe käme und die Dinge nicht so ernst nähme. »Aber die Tänzer haben Musicals geliebt. Und ich sowieso. Musicals sind Teil meines Lebens.«

Was George Bailey aber noch mehr herausforderte, als im Training zu spielen, war, die Proben am Klavier zu begleiten – für die Opernballette im *Großen Haus* und die Performances der *Noverre-Kompanie* im *Kleinen Haus*. Da musste er die komplexen Klavierauszüge, ob Smetana, Tannhäuser oder Wagner, auf die wichtigsten Themen reduzieren, nur die Melodie und ein bisschen Harmonie, ein eigenes Arrangement für die Probe. Aber er versuchte stets, alle Noten zu spielen: »Ich glaube, ich habe den Trick nie gelernt.« Er übte und übte, und so wurde er an einem Abend sogar versehentlich im Ballettsaal eingeschlossen. Zum Glück entdeckte ihn der damalige Generalintendant Hans Peter Doll und schickte ihn nach Hause.

Drei Monate nachdem er angefangen hatte, am 4. Dezember 1972, schrieb George Bailey in sein Tagebuch: »Es gibt so viel zu lernen. Manchmal weiß ich nicht mehr, wo ich anfangen soll. Das Gute ist wohl, dass ich angefangen habe. Das ist der schwierigste Teil.« Und weiter: »Ich habe schrecklich gemischte Gefühle. Es ist schwierig, über sie zu schreiben. Irgendwie habe ich noch nicht das Gefühl, dazuzugehören. Auch das braucht Zeit.« Er war froh über jeden Tag, den er hinter sich gebracht hatte, ohne die Tänzer und sich zu frustrieren. Von Glück und Euphorie, beim weltberühmten *Stuttgarter Ballett* zu arbeiten, spürte George Bailey anfangs jedenfalls nichts. »Ich habe so getan, als ob ich Ahnung hätte, aber ich hatte keine Ahnung. Das Leben ist eine Show. Wir sind alle Spieler auf einer großen Bühne. Da habe ich Korrepetitor gespielt. Zum Glück ist es gutgegangen, und irgendwann bin ich wirklich einer geworden.«

John Cranko allerdings hatte gleich zu Beginn gesagt: »George, ich glaube, du wirst glücklich bei uns. Ich denke, dir wird es hier gefallen.« Der Ballettdirektor hatte ein untrügliches Gespür für Talente. Er war überzeugt, dass jeder Mensch eine besondere Begabung in sich trägt und sie nur entfalten müsse. »John hatte die Fähigkeit, die richtigen Leute an den richtigen Platz zu setzen, obwohl er die Menschen nicht gekannt hat. Das war seine Intuition«, da ist sich Choreologin Georgette Tsinguirides sicher, die über 70 Jahre an den Stuttgarter Staatstheatern gearbeitet hat. Marcia Haydée erzählt: »John hatte eine bestimmte Art, die Menschen zu sehen. Für ihn war die Ausstrahlung jedes Menschen wichtig. Bei den Tänzern war das genauso. Manchmal war ein Tänzer vielleicht technisch nicht so perfekt, aber es war etwas in seinem Gesicht, in seinen Augen oder irgendetwas, dass John gesagt hat: ›Den will ich!‹ Und bei George war das genauso. John hat nicht gesagt: ›Ich habe den besten Pianisten der Welt für uns bekommen.‹ John hat gesagt: ›George ist ein toller Mensch – und ich will ihn hier haben.‹«

Kosenamen waren im Ballett verbreitet, und bald nannte John Cranko seinen Pianisten *Sunshine.* »George ist mein Sunshine«, sagte er. George gefiel das, er empfand es als Kompliment: »Dass ich überhaupt von ihm wahrgenommen wurde, ich war ein Nobody.« Reid Anderson findet den Namen sehr passend: »George war immer sonnig und voller guter Dinge. Und dieses Lächeln! Er hat Sonnenschein mitgebracht.«

»*Sunshine, come here!*«, rief Cranko auch in der Theaterkantine, die für ihn zugleich Büro war, wo sich vor und nach den Vorstellungen die Künstler trafen, wo er Kreuzworträtsel löste, weil er meinte, auf diese Art rasch Deutsch zu lernen. George war hungrig, er wollte sich nur etwas zu essen holen, doch Cranko bat ihn, sich zu ihm zu setzen: »George, ich möchte, dass du bei *Schwanensee* mitmachst.« Der Choreograf arbeitete gerade an einer Neufassung des Balletts, die Premiere war für den 22. Dezember 1972 angesetzt. »Ich habe eine Rolle für dich.« – »Brauchst du einen extra schwarzen Schwan?«, fragte Bailey. Cranko erschrak. »*George, no!*« Diesen Moment wird Bailey nie vergessen, als John Cranko ihm erzählte, wie er, der gebürtige Südafrikaner, als Kind gesehen habe, wie schwarze Menschen misshandelt worden seien, wie traurig es ihn gemacht habe, wie unerträglich es gewesen sei. Für ihn ein Grund, seine Heimat zu verlassen. »Er hat fast angefangen zu weinen, als er darüber gesprochen hat, das hatte eine Wunde bei ihm hinterlassen, die ihn noch immer schmerzte.«

In *Schwanensee* soll George Bailey als Botschafter von Neapel zum Festball ins Schloss schreiten. In der ersten Fassung gab es diese Rolle nicht, Cranko hat sie eigens für ihn geschaffen.

George Bailey fühlt sich geehrt. »Jürgen Rose hat schon ein schönes Kostüm für dich entworfen«, fügt Cranko hinzu. »Ich war hin und weg. Das erste Mal mit dem *Stuttgarter Ballett* auf der Bühne.« Bailey sagt sofort zu. »Du siehst dann deinen Namen auf dem Probenplan«, erklärt der Choreograf.

Gestreifte enge Strumpfhosen, Stiefel, weißes Hemd mit Schößchen, Pluderärmeln, Stehkragen, Goldpailletten und auf dem Kopf einen Turban. Die Tänzer staunen. Er habe die besten Beine der Kompanie, sagen sie. Im ersten Akt betritt er, der Botschafter, begleitet von zwei Kindern, den Thronsaal. Sie tragen ein Gemälde der Prinzessin von Neapel herein, verbeugen sich vor dem Prinzen, der sich allerdings wenig interessiert zeigt, weder an ihnen noch am Bild der Prinzessin. Trotzdem kommt er wieder, samt der Prinzessin, jetzt leibhaftig: Im dritten Akt geleitet er sie über eine Treppe in den Thronsaal hinab, posiert auf den Stufen, stellt sein linkes Bein aus, stemmt seinen rechten Arm in die Hüfte, seinen linken auf den Oberschenkel, als wäre er bei einer Modenschau. »*That's wonderful*«, kommentiert Cranko. Er könne ruhig seine Persönlichkeit einbringen. Dass Bailey stolz ist, drückt sich in seiner ganzen Haltung aus. Immerhin ist er im Stück als *Royalty* unterwegs und nicht als Bauer – und so habe er sich bewegt. Georgette Tsinguirides war erstaunt: »Das war für alle eine Überraschung. Was? Der George auf der Treppe! Dann ging er runter mit einer Nonchalance …«

Birgit Keil tanzte bei der Premiere die Doppelrolle des weißen und des schwarzen Schwans, Odette und Odile. Über Bailey sagt sie: »George war unglaublich schön in seinem Kostüm, märchenhaft, unvergesslich.« Er habe Cranko inspiriert, deshalb habe er eine Rolle für George geschaffen. Fast fünfzig Jahre nach der Premiere stemmt nun der frühere Erste Solist Vladimir Klos seinen rechten Arm in die Hüfte, imitiert Baileys Pose von damals. »George ist ein Typ. Und Cranko mochte Punkte setzten. Da hat er gesagt: Das ist ein Punkt in meiner Produktion.«

George Bailey in John Crankos *Schwanensee* als Botschafter von Neapel, 1972

George Bailey fand es großartig; das ließ ihn die Mühen und Schwierigkeiten vergessen, die ihn in seinem Alltag als Pianist plagten. Als Cranko ihn nach der Premiere lobte: »*You did a good job, George*«, musste Bailey daran denken, was seine Mutter öfter zu ihm gesagt hatte: »*You're a natural born ham*«, ein Natur-

In *Schwanensee* mit Marcia Haydée in der Doppelrolle der Odette/ Odile und Egon Madsen als Prinz Siegfried

talent, das auf die Bühne gehöre. Und Birgit Keil, ehemalige Erste Solistin, sagt: »Seit diesem Moment war George ein Teil des *Stuttgarter Balletts*.«

Fast 25 Jahre lang, bei jeder einzelnen Vorstellung von *Schwanensee*, nahm George Bailey auf der Treppe, die in den Thronsaal führt, seine adrette Pose ein. »Zum Schluss war mein Kostüm ein bissle eng, kurz vor der Vorstellung habe ich immer ein bissle abgenommen.« Es gab keine zweite Besetzung, es war seine Rolle.

Einmal lud ihn John Cranko zu sich nach Hause ein, in sein Kavaliershäuschen auf der Solitude. In den Regalen standen Bücher und auf der Fensterbank Glasvasen. »Was liebst du an ihnen, George?«, fragte Cranko. »Die verschiedenen Farben: blau, grün, rot«, erwiderte Bailey, worauf Cranko sagte: »Sie sind alle handgemacht und ein bisschen krumm, genau wie die Menschen.« Der Choreograf arbeitete gerade an einem neuen Projekt, legte Schallplatten auf, spielte seinem Gast unterschiedliche Musik vor und fragte, was Bailey davon halte. »Ich denke, er wollte einfach Gesellschaft, weil er sich einsam fühlte.« Sie gingen mit Artus, Crankos Dalmatiner, im Wald spazieren. Cranko war ein anregender Erzähler, aber genauso ein guter Zuhörer. »Er hatte auch die Gabe, Menschen dazu zu bringen, über sich selbst zu sprechen.«

Einige Zeit darauf fragte Cranko ihn, ob er mit ins *Troubadour* gehen wolle. Wenn er den Abend nicht mit den Tänzern in der Kantine verbrachte, ging Cranko gerne aus, in Schwulenclubs wie das *Café Weiß* oder das *Troubadour.* Warum nicht?, dachte George. Sein Partner Albrecht Mayer hatte Cranko bereits im *Troubadour* gesehen »mit seiner Entourage inklusive Artus«, noch bevor er George Bailey kennengelernt hatte. Auf der unteren Ebene waren Bar und Tanzboden, an drei Seiten Tische mit Vinylplatten, Bänke zu Nischen geformt, und zwischen alldem war Artus völlig unbekümmert durchs Lokal getrottet. Albrecht Mayer hatte sich gewundert, so ein Dalmatiner sei ja nicht ganz klein. »Es war nicht gerade sein zweites Wohnzimmer, aber Cranko war gerne dort. In Stuttgart gab es damals auch nicht viel.« Bestimmt habe Cranko die Londoner Clubszene vermisst.

An jenem Abend im *Troubadour* saß Bailey neben Cranko, und gemeinsam sahen sie zu, wie die anderen Gäste tanzten. Manche waren *on the music*, andere unübersehbar *off the music.* »Oh George, schau mal die Leute an, jeder hat seinen eigenen Rhythmus«, meinte Cranko. – »Ja, so kann man das auch nennen«, entgegnete George, lachte und sagte: »Aber im Ballett ist es besser, wenn nicht jeder seinen eigenen Rhythmus hat.«

George Bailey und Albrecht Mayer waren nie zusammen im *Troubadour*; Disko war nicht ihr Ding. Aber sie gingen gerne zu den Partys, die Zahnarzt Harald Fiegle weiterhin veranstaltete. Nachdem Fiegle ein Klavier angeschafft hatte, unterhielt Bailey die Gäste mit George Gershwin, Cole Porter, André Previn, ein bisschen Chopin, Bach und Grieg, und mit Traditionals wie *Blue Moon*, *As Time Goes By*, *What a Wonderful World*. Sein eigenes Repertoire, das er spielend beherrschte.

Dort lernte auch Albrecht Mayer John Cranko kennen und mit den Jahren die ganze Ballett-Community, wie er sie nennt. Sogar einen eigenen Künstlernamen erhielt er von der Truppe: Statt »Al« verstanden Marcia Haydée und Georgette Tsinguirides »Alf«, wenn Bailey von seinem Partner sprach. Seither hieß Albrecht Mayer in Ballettkreisen »Alf«. Er hat nie widersprochen, bis heute nicht: »Wenn man Mayer heißt, heißt man oft auch Müller und merkt's gar nicht. Und es schreibt sowieso jeder anders. Und dann heißt man noch Albrecht und müsste auch ständig korrigieren: ›Albrecht, nicht Alfred.‹ Dann lässt du es irgendwann.« Trotzdem sei er selbst in dieser Gesellschaft ein Solitaire geblieben: »Wenn man im Theater so bunte Leute kennenlernt und dann die Kolleginnen und Kollegen im Ministerium anguckt: Das war schon ein leichtes Doppelleben.« Er habe sich regelrecht in zwei Welten bewegt. Wenn ihm George abends erzählte, wen er tagsüber im Theater umarmt hatte, überlegte Albrecht, wen er wohl im Büro umarmen würde: »Niemanden!« Auf die Idee wäre auch keiner gekommen, damals in den Amtsstuben.

9.

Wenn George Bailey weder Training noch Proben mit der *Noverre-Kompanie* hatte, nahm er den Aufzug hinauf in den Ballettsaal zu Crankos Haupttruppe – und musste dabei nicht selten die Türen des Aufzugs blockieren, damit John Cranko noch mitfahren konnte, der von der Kantine herangespurtet kam. Bailey wollte unbedingt seinen Kollegen, den Korrepetitoren Lore Eisfeld, Friedrich Lehn und Francis Rainey, bei der Arbeit zusehen, ihr Spiel beobachten, den Klang des Klaviers hören. Für ihn gab es noch so viel zu lernen. Unendlich viel. Francis Rainey hatte er von seiner Probe für *Tannhäuser* erzählt, wie er daran verzweifelte, weil es ihm nicht gelang, das Stück in den Proben fehlerfrei zu spielen: »Du darfst nicht jede Note spielen!« Rainey riet ihm, die Melodie auf das Grundthema zu reduzieren: »Vereinfache und spiele so, dass die Tänzer die Melodie hören und verstehen, wo sie sind.«

Lore Eisfeld war damals fast so viele Jahre am Theater wie George Bailey auf der Welt. Sie hatte das Glück gehabt, gleich nach Kriegsende, in der Spielzeit 1945/46, als die Staatstheater wieder geöffnet hatten, eine Stelle als Pianistin zu bekommen und ein bisschen Geld für ihre Familie zu verdienen. »Wir haben nichts gehabt, alles war kaputt«, erzählte sie dem neuen Pianisten. »Das kannst du dir nicht vorstellen, George, wie schlimm das war!« Lore Eisfeld hatte etwas Mütterliches, war stets hilfsbereit und offen für alle Fragen, die Bailey oder die Tänzerinnen und Tänzer an sie richteten. Ballettmeisterin Anne

Woolliams empfand das allerdings als übergriffig: »Lore, du sollst spielen und keine Korrekturen geben!«

Korrepetitor und Dirigent Friedrich Lehn war wie Bailey in einer Musikerfamilie aufgewachsen. Sein Bruder Erwin war Leiter des Südfunk-Tanzorchesters. Anders als George Bailey war Friedrich Lehn jedoch ein klassisch ausgebildeter Pianist. Bailey erinnert sich, dass »Friedl«, wie er ihn nannte, sämtliche klassischen Werke ausgezeichnet beherrschte. Und er war – wie die anderen Korrepetitoren auch – jederzeit bereit, Bailey zu unterstützen: Wenn er eine Frage hatte, erhielt er neben einer Antwort auch noch Tipps. Wenn er Hilfe brauchte, probten sie mit ihm. Für sie sei es nie ein Problem gewesen, dass er kein klassisches Musikstudium abgeschlossen habe, sagt Bailey. »Friedl hat extra Proben für mich angesetzt mit meinen ganzen klassischen Stücken.« Als das *Stuttgarter Ballett Jeu de Cartes* zur Musik von Igor Strawinsky wieder aufnahm und Bailey die Proben begleiten sollte, unterstützte ihn Friedrich Lehn auch dabei. Er kannte jede Note des Klavierauszugs, weil er im Ballettsaal gespielt hatte, als John Cranko das Stück 1964/65 choreografierte. Und umgekehrt interessierte sich Lehn für George Baileys Background, seine Familiengeschichte, seinen Großvater und dessen Jazz-Orchester. »Friedl wurde durch mein Repertoire inspiriert, im Training mehr Jazz und Musicals zu spielen. Wenn er danach fragte, habe ich ihm meine Noten gegeben.«

Nie betrat John Cranko vor seinem Dalmatiner den Ballettsaal. Ebenso ungeniert, wie Artus im Schwulenclub herumtappte, machte er das auch im Theater. Oft hatte er es sich schon vor der Spiegelwand bequem gemacht, wenn der Choreograf das Studio betrat.

Cranko ließ sich einen Kaffee bringen, zündete sich eine Zigarette an, griff zu den Noten. Nicht, dass er der Einzige gewesen wäre, der im Ballettsaal qualmte. Einige Tänzer rauchten, und auch bei Pianistin Lore Eisfeld steckte häufig ein Glimmstängel zwischen Zeige- und Mittelfinger. Aber nicht bei George Bailey: Mit fünf hatte er einmal mit seinem Bruder an einer Zigarre gezogen. Das genügte, lebenslänglich. Und noch etwas: Wenn ihre Eltern Gäste nach Hause eingeladen hatten, rochen die Jungs den stinkenden Rauch, sahen die schmutzigen Aschenbecher und wie die Raucher ihre Zigaretten auf den Teppichen austraten. »Das hat uns geheilt. Wir hatten nie wieder den Wunsch zu rauchen. Nein danke, kein Interesse.«

Im Ballettsaal ließ sich George Bailey vom Qualm nicht weiter stören, seine Konzentration war auf etwas anderes gerichtet: Er war beeindruckt, wie flink John Cranko choreografierte und wie hochmusikalisch er war. Cranko kannte jeden Takt und jeden Ton. Zu Hause in seinem Kavaliershäuschen hatte er die Komposition ausführlich studiert, in Phrasen eingeteilt und die *Master Steps* für das *Corps de ballet* festgelegt. Er wusste, welche Bewegungen, Formen und Figuren zur Musik passten und die dramatische Handlung voranbrachten. Er hatte entschieden, welche Charaktere auftreten und wie sich ihre Beziehungen und Gefühle entwickeln würden. Er wollte seine Geschichten durch reine Bewegung, mit der dramatischen Ausdruckskraft des Tanzes erzählen – und zwar so, dass das Publikum sie ohne Programmheft verstehen könnte. Aber nie hätte er daheim ein Ballett *step by step* choreografiert, nie Bewegungsabläufe und Schrittfolgen exakt ausgearbeitet. Er brauchte die Tänzerinnen und Tänzer vor sich, das inspirierte ihn. Dabei hatte er die Gabe, Talente zu erkennen, ihnen Ideen zu entlocken, Impulse auszulösen. »Er sagte nie: ›Mach es so oder so‹«, erinnert sich George Bailey. »Cranko sagte: ›Versuch das, von hier nach dort mit einem Lift!‹ Dann schaute er, was die Solisten ihm anboten. John war total offen dafür.« *Oh, das ist eine Idee! Oder wäre es nicht besser so? Ja, lass uns das versuchen! Okay, wir machen das!* Die gemeinsamen Improvisationen waren höchst kreative Momente. Daraus entstanden ungeahnte, ungewöhnliche Hebungen, Drehungen, Sprünge, Würfe, emotionale *Pas de deux* – klassi-

Choreologin Georgette Tsinguirides 1972 mit John Cranko in einer Probe. Vor der Spiegelwand Crankos »Thron« und der Blecheimer für die Zigarettenkippen

sche Technik mit moderner Körpersprache. Wenn Cranko eine Geste, eine Figur, ein Ausdruck überzeugte, nahm er sie in seine Choreografie auf. Und wenn ihm die Szene gefiel, machte er sofort weiter. »Es war eine positive, wertvolle und warme Atmosphäre«, erzählt Bailey.

Es kam auch vor, dass Richard Cragun und Marcia Haydée dem Choreografen nahelegten, in die Kantine zu gehen, solange sie eine Figur ausprobierten. Und Marcia Haydée probte unermüdlich und ungestüm. Mark McClain, ehemaliger Erster Solist des *Stuttgarter Balletts* und nun Ballettdirektor in Coburg, erinnert sich, wie Richard Cragun ihn zur Seite nahm, als er das erste Mal mit Marcia tanzte: »Mark, pass auf, sie ist ein wenig wild! Du musst verhindern, dass ihre Nase den Boden berührt, alles andere ist okay.«

Aber nicht alle Tänzerinnen waren so schwungvoll und talentiert wie Marcia Haydée. George Bailey erinnert sich an die Proben zu *Schwanensee*, als eine Tänzerin ihren Lift nicht hinkriegte. Vergeblich versuchte sie, in die Arme des Tänzers zu springen, versuchte es wieder und wieder, bis John Cranko die Geduld verlor: »Ich gehe jetzt, rauche eine Zigarette, wenn ich zurückkomme: *You will have it.*« Und als er zurückkam, konnte sie es. »Es waren aber keine schlechten *Vibrations*«, versichert Bailey. Obwohl Cranko streng sein konnte. Sehr streng. So dass es passieren konnte, dass sein Aschenbecher in Form eines Blecheimers durch den Ballettsaal flog – oder auch sein Stuhl.

Doch die Tänzerinnen und Tänzer liebten ihn. Und Cranko liebte seine Kompanie, seine Familie. »Liebe war für John das wichtigste, weil er sehr einsam war«, meint Vladimir Klos, und Birgit Keil erinnert sich, dass Cranko einmal zu ihr sagte: »Ein Künstler muss einsam sein.« Und das stimme in gewisser Weise, meint Keil: »Man kommt an Stellen im Leben, wo es den Leuten schwerfällt, einem einen Rat zu geben, aus verschiedenen Gründen. Oder auch aus Respekt.« Aber wenn man bedenke, ergänzt Vladimir Klos, »was John für alle von uns gemacht hat, nicht nur für uns, auch für die Kunst«. John Cranko habe George sehr geliebt: »Das hat man gesehen. Das war auch eine Seelenverwandtschaft.« So sieht es auch Reid Anderson: »John hat George heiß und innig geliebt.« Aber Cranko sprach nicht darüber. »Er hat nicht mit jemandem über andere Leute gesprochen. Kaum. Wenn etwas im Ballettsaal passiert ist – gut oder schlecht – oder jemand hat sich schlecht benommen oder John hat sich selber schlecht benommen, das war vorbei. Wenn es vorbei war, war es vorbei, auch für John«, erzählt Anderson. »Auch wenn John wütend wurde, war er nie nachtragend. Auch nicht, wenn jemand einen Blödsinn gemacht hat. Man wollte immer sein Bestes geben. So war das auch bei George. Aber wir wussten nicht, was er am Anfang durchgemacht hat.«

Das *Noverre-Ballett* feierte am 6. Mai 1973 seine letzte Premiere. Das Projekt hatte die Erwartungen nicht erfüllt. Noch vor der USA-Tournee des *Stuttgarter Balletts*, die nur wenige Tage später beginnen sollte, fügte John Cranko beide Kompanien zusammen. »Das war ein großes Glück in meinem Leben.« – Für George Bailey bedeutete es einen Aufstieg in doppelter Hinsicht: vom Kellergeschoss des Verwaltungsgebäudes in den Ballettsaal des Opernhauses, von der Nachwuchstruppe in die Kompanie. Nach den Sommerferien würde er mit dem weltberühmten *Stuttgarter Ballett* arbeiten dürfen, mit John Cranko und den Tänzerinnen und Tänzern, die er zu internationalen Stars gemacht hatte. »Er hatte das alles aufgebaut. Und ich durfte das miterleben.«

Vom 15. Mai 1973 an gastierte das *Stuttgarter Ballett* am *Metropolitan Opera House* in New York, danach in Washington und Philadelphia. Jede Vorstellung war ausverkauft, ein riesiger Erfolg. Am Abend des 25. Juni 1973 bestieg die Kompanie in Philadelphia die *Pan-Am*-Maschine nach Stuttgart. Auf dem Rückflug verlor der Ballettdirektor das Bewusstsein, der Pilot legte eine Zwischenlandung in Dublin ein, Cranko wurde ins Krankenhaus gebracht. Die Tänzer hofften noch, sein Leben könnte gerettet werden, doch am frühen Dienstagmorgen, 26. Juni, erfuhr die Kompanie, dass John Cranko gestorben war. Zunächst hieß es, er habe einen Herzanfall erlitten, doch Cranko hatte sich, nach der Einnahme eines Schlafmittels, im Schlaf erbrochen und war daran erstickt.

Als Anfänger war George Bailey nicht mit in die Vereinigten Staaten gereist, sondern in Stuttgart geblieben. Er hatte einen freien Tag, war mit Albrecht Mayer nach Straßburg gefahren, sie hatten sich die Kathedrale angesehen, waren durch die Stadt flaniert, hatten in einem bezaubernden Café Tee getrunken und Kuchen gegessen. »Alles war perfekt. Wir hatten einen absolut fantastischen Tag.« Abends gastierte die *Batsheva Dance Company* aus Israel im Stuttgarter Opernhaus. George Bailey und Albrecht Mayer hatten sich Tickets für die Vorstellung besorgt, in der Mittelloge. Doch als George seinen Partner abholte, um gemeinsam ins Theater zu gehen, stand er mit einem, wie George fand, rätselhaften Gesichtsausdruck in der Tür. Albrecht Mayer hatte es im Radio gehört: Der Ballettdirektor war auf dem Rückflug aus den USA gestorben.

»Hast du es nicht gehört?«, fragte Albrecht seinen Freund George. »Nein, was ist los?« – »John Cranko ist tot.« – »Wovon redest du? Was ist passiert?« – »John Cranko ist tot«, wiederholte Albrecht Mayer. – »Das ist nicht möglich! Was meinst du damit, John Cranko ist tot?«, fragte Bailey, als hätte Albrecht Mayer das im übertragenen Sinne gemeint. Nein, wortwörtlich. Er habe es aus dem Radio erfahren. Als Albrecht darauf zum dritten Mal sagte: »John ist tot«, streckte George Bailey die rechte Hand nach seinem Partner aus. »Albrecht öffnete seine Arme und ich klammerte mich an ihn, als wäre er mein einziger Kontakt zum Leben in diesem Moment der Erkenntnis des Todes.« Minuten vergingen in völliger Stille. George Bailey konnte nicht fassen, was er gehört hatte. Er konnte sich nicht dazu durchringen, es zu glauben. John würde zurückkommen.

Er vergrub sein Gesicht in Albrechts Schulter und fragte ihn noch einmal: »Bist du sicher, dass er nicht nur krank ist?« Nein, er war nicht nur krank. Er war tot.

Über diesen Tag, der die Ballettwelt erschütterte, schrieb George Bailey auf mehreren Seiten in seinem Tagebuch. Flashbacks trieben ihn um, es war, als hätte John erst am Vortrag zu ihm gesagt: »Ich wurde geboren, um zu leiden.« – »Damals wollte ich weinen. Mein Herz tat so weh.« Zum letzten Mal hatte er ihn in der Theaterkantine gesehen, kurz bevor Cranko in die Staaten aufgebrochen war. »Da saß er und machte Kreuzworträtsel. Ich hastete wieder einmal durch die Kantine. Cranko sah auf, lächelte und fragte: ›Wie geht es dir, George?‹ Ich antwortete: ›Gut, danke John. Und dir?‹ Er lächelte nur, sagte nichts und wandte sich wieder seinem Rätsel zu.«

George Bailey versuchte sich diese Erinnerung auf eine Weise zu vergegenwärtigen, dass sie das Gehörte auslöschte. Dann ereilte ihn jedoch die schmerzhafteste Erkenntnis: Wenn es tatsächlich wahr wäre, würde diesen Erinnerungen an John Cranko nie wieder etwas hinzugefügt werden können.

Die Vorstellung der *Batsheva Dance Company* fand trotz des plötzlichen Todesfalls statt. »Das konnte man nicht absagen«, sagt Albrecht Mayer heute. »*The show must go on*. Das ist das oberste Gebot. Man sieht ja bei Corona, was los ist, wenn nichts los ist.« Die Vorstellung wurde John Cranko gewidmet, und bevor sie begann, trat Walter Erich Schäfer auf die Bühne, obwohl er seit einer Spielzeit nicht mehr Generalintendant war. Albrecht Mayer erinnert sich: »Eine sehr schöne kurze Rede, angefangen mit den Worten: ›Es ist wider die Natur, dass ich hier stehe.‹« Schäfer berichtete, was passiert war, dann erhob sich das Publikum, um dem verstorbenen Choreografen und Ballettdirektor zu gedenken. Ein schwerer Abend. Damals komponierte George Bailey ein Lied für John Cranko: »Ich wollte es spielen bei der Beerdigung, aber es kam nicht dazu.« Er weiß nicht mehr, warum, und er weiß nicht mehr, wo er die Noten

Als schaute er ihm beim Spielen zu: John Cranko auf einem Foto im Ballettsaal und George Bailey am Flügel

aufbewahrt. »Was mich traurig macht, verdränge ich, das schiebe ich beiseite.«

Nach Crankos Tod benutzte George Bailey den Aufzug nicht mehr, mit dem er und der Ballettdirektor so oft in die zweite Etage hinaufgefahren waren. Bailey nahm fortan den Lift schräg gegenüber. Aber noch lange Zeit hoffte er, doch noch John Cranko von der Kantine heranspurten zu sehen.

10.

Auf dem Boden rings um den Flügel lagen die Notenstapel verstreut wie herabgefallene Blätter um einen Baum. Ein Windstoß, und das Training wäre ordentlich durcheinandergewirbelt worden. Spätestens eine halbe Stunde, bevor es überhaupt begann, wehten zwar keine Blätter, aber schon die ersten Klaviertöne durch den Ballettsaal und in die Flure des Opernhauses. Am Flügel saß George Bailey, das war seine Zeit, um warm und wach zu werden, seine Finger aufzuwecken, und auch den Kopf. Morgens war er immer als Erster im Ballettsaal. »Ich erinnere mich nicht, dass George je spät oder nach uns kam«, sagt Marcia Haydée. »Seine Notenblätter reichten ja bis zum Charlottenplatz – und George mittendrin.« – Dieses Bild hat Georgette Tsinguirides im Gedächtnis behalten. »Aber George wusste genau, wo was lag, und hat wunderbar gespielt.«

Als hätte der Pianist sie mit seiner Musik angelockt, schwärmten dann die Tänzerinnen und Tänzer in den Ballettsaal, manche früher, andere später, setzten oder legten sich auf den Boden und begannen ihr Warm-up, dehnten und lockerten ihre Körper. Egon Madsen liebte die Art, wie George Bailey spielte: »Seine lebendige Musikalität, sein Jazz, seine Rhythmik, das war ganz super, das muss man schon sagen, weil wir den ganzen Tag noch viel klassische Musik hatten.« Reid Anderson spricht vor allem von Georges Ausstrahlung: »Er hat sie mitgebracht, jeden Tag in den Ballettsaal. George war immer da und hat geholfen. Er hat uns alles gegeben, was er geben konnte, dass wir Tänzerinnen, Tänzer, Ballettmeister unseren Job am besten machen konnten. Das ist sehr speziell, sehr einmalig.«

Für George Bailey war jedes Balletttraining, das er am Klavier begleitete, wie eine Aufführung. Jedes Mal, wenn er sich einspielte, schien es ihm, als würde er sich auf ein Konzert vorbereiten. Sein Publikum waren die Tänzer, die seinem Spiel nicht nur zuhörten, sondern auch danach tanzten. »Du bietest eine Quelle des Vergnügens, der Erleichterung, der Inspiration«, sagte er sich. »Du hilfst ihnen durch ihr tägliches Training und lässt sie dabei irgendwie den Schmerz vergessen.« Wenn er nur darüber nachdenke, was sie mit ihren Körpern anstellten, was die Ausdrehungen der Beine, die Sprünge für die Gelenke, die Hebungen für die Rücken der Tänzer, die Spitzenschuhe für die Körper der Tänzerinnen bedeuteten – »Ballett ist kein gesunder Job. *Blood, sweat and tears.*« Ein harter, ein knochenharter Beruf, der körperliche und mentale Kraft erfordert. Darum ist George Bailey überzeugt: Musik kann Schmerzen lindern und die Müdigkeit nach einer Vorstellung, aber leicht und heiter muss sie sein, nicht schwer und düster. »Wir müssen Verständnis haben und mitdenken, ein bisschen Liebe und Lachen reinbringen. Keine russischen Klassiker – pam, pam, pam.«

Nach Crankos Tod schien es ihm, als sei die Kompanie noch enger zusammengerückt. »Es war eine schwere Zeit, aber es musste weitergehen.« Im Dezember 1973 wurde Glen Tetleys *Voluntaries* uraufgeführt. Noch Cranko hatte den Amerikaner eingeladen, als Hauschoreograf des *Stuttgarter Balletts* zu arbeiten. In der folgenden Spielzeit wurde Tetley zum Ballettdirektor ernannt, für George Bailey eine wunderbare Fügung: Glen Tetley brachte mit dem Modern Dance nicht nur eine neue Bewegungssprache und Ästhetik in die klassische Kompanie. Er brachte auch Mary Hinkson als Ballettmeisterin nach Stuttgart, eine Afroamerikanerin, die in der *Martha Graham Dance Company* getanzt hatte. »Mir wurde erlaubt, ihre *Modern Classes* zu spielen. Die anderen Pianisten sagten: George, mach du das! Sie wollten das nicht. Aber für mich war das himmlisch.«

Je verrückter die Dinge waren, die er sich einfallen ließ, desto begeisterter war Hinkson. »Ich machte Geräusche mit einer Colaflasche, und einmal stieg ich in den Flügel und improvisierte mit den Saiten.« Jetzt konnte Bailey davon profitieren, dass sich in seinem Repertoire *»popular and modern things«* angesammelt hatten. Und er begleitete nicht nur Hinksons Training, sondern auch die Proben zu Tetleys Choreografien *Daphnis and Chloe* (1975) und *Sacre du Printemps* (1976). Bailey beschreibt Glen Tetley als »wunderbaren Mann, elegant, zurückhaltend, sehr gut vorbereitet, sehr kreativ und musikalisch.«

Wenn George Bailey gefragt wurde, was er am Theater mache, und antwortete, er sei »Korrepetitor«, zeigten sich die meisten Leute wenig begeistert: »Ballettkorrepetitor? Du wiederholst, wiederholst und wiederholst den ganzen Tag? *Play it again! Play it again!* Herzliches Beileid.« Scherzhaft beschrieb er seinen Beruf manchmal so: »Wir müssen ein bisschen Musik machen und dabei den Mund halten.« Wörtlich aus dem Lateinischen übersetzt, heißt Korrepetitor tatsächlich ›Mitwiederholer‹. Statt des Orchesters spielt zunächst ein Pianist, wenn neue Stücke geprobt, Rollen und Szenen einstudiert werden. Statt der Orchesterpartitur liegt ihm der reduzierte Klavierauszug des Werkes vor, der die wichtigsten Merkmale des Stückes enthält. Gewiss sind Ballettproben ein ständiges *Nochmal*, aber für George Bailey bedeutete das: eine Fülle an Kreativität und Inspiration, einen ungeheuren Reichtum an Ideen einzusaugen, in einen künstlerischen Prozess und eine Gemeinschaft von Stars eingebunden zu sein, die nur ein Ziel hatten: Kunst zu schaffen. Große Kunst. Dabei verhieß ihm die Ballettstunde eine musikalische Freiheit, die er mit Leidenschaft auslebte – wenn er nicht gerade einen Ballettmeister neben sich hatte, der ausschließlich auf Klassik pochte. Im Training arbeiten die Tänzer an sich, an der Technik, an Linien und Formen, bis zur Per-

Ein nachdenklicher George Bailey im Ballett-Shirt in den 80er Jahren

fektion, mit den immer gleichen *Exercises*, erst *Plié*, linke Hand an die Ballettstange, dann *Tendu*, *Glissé*, *Battement Jeté*, *Rond de jambe par terre* und *en l'air* und so fort, erst an der Stange, dann in der Mitte des Saals. Jeden Tag. Sechs Tage in der Woche. Da musste er sie mit *mixed music* überraschen. Wie langweilig wäre es, für die Tänzerinnen und Tänzer und für ihn selbst, gewesen, wenn er immer nur dieselbe Musik gespielt hätte? Hätten sie ihm irgendwann überhaupt noch zugehört? Oder hätten sie nur noch den Takt wahrgenommen?

»Manche Pianisten haben tolle Musik toll gespielt, aber das Training war langweilig«, sagt Marcia Haydée. Nicht bei George! *Alert, aware, alive*, aufmerksam, bewusst, lebendig, das war sein Motto. Und während er spielte, wanderten seine Augen über seine Notenblätter hinweg unablässig durch den Raum. »Wir arbeiten zusammen und nicht gegeneinander. Das ist die Kunst! Du siehst, was die Tänzer brauchen, dann spielst du, was die Tänzer brauchen.«

Kleine Unterschiede in den musikalischen Tempi können große Unterschiede für einen Tänzer bedeuten. Richard Gilmore weiß das nur zu gut: Bevor er Physiotherapeut des *Stuttgarter Balletts* wurde, war er jahrelang Tänzer. »Ein bestimmtes Musikstück kann eine fröhliche Motivation für die Sprünge sein, aber ein wenig zu langsam gespielt, wird es zur Folter. Es wird zu einer unmöglichen Herausforderung, der Schwerkraft zu trotzen und in der Luft zu bleiben.« Aber George Bailey erkannte, ob die Tänzer mit den Tempi zufrieden waren, und stellte sich darauf ein. »*A give and take*«, nennt er das. »Wenn man diese Balance erreicht, läuft es, dann gibt es harmonische Ergebnisse. Das ist eine tolle Erfahrung.«

Jetzt muss er aber lachen, wenn er daran denkt, wie er manchmal in den Ballettsaal schaute und sich fragte: Auf welche Musik tanzen sie? Jedenfalls nicht auf die Musik, die er spielte. In einem solchen Moment senkte er den Kopf, blickte in die Noten. Demonstrativ senkt er nun auch seinen Kopf, während er erzählt, spricht leise, als ob er ein Geheimnis verraten würde: »Es gab auch Tänzer, die nicht so musikalisch waren.«

Immer wieder kam es vor, dass jemand auf ihn zutrat und sagte: »Oh, George, ich liebe das!« Dann machte er sich eine Notiz. Vladimir Klos etwa mochte besonders Stücke aus *Don*

Q. »George hat sie dann für mich gespielt.« Und es gab einen Tänzer, der vernarrt war in *Don't Worry, Be Happy.* Wann immer Bailey ihn in den Ballettsaal laufen sah, spielte er den Song. »Das ist sowieso ein *Icebreaker.*« Manche hatten ihre Favoriten für bestimmte *Exercises*: Wenn *Rond de jambe* geübt wurde, bedachte Bailey eine Tänzerin mit *What'll I do when you are far away? And I'm so blue. What'll I do?* von Nat King Cole. Der heutige Ballettintendant Tamas Detrich blühte bei *Summertime* von Gershwin auf. »George hat mich angeschaut und ich habe gegrinst. Ich habe genau gewusst, dass er es für mich spielt. Das war so *beautiful*, weil das war ein Gefühl wie eine Familie, man fühlte sich verbunden.«

Wenn die Tänzerinnen und Tänzer ins Ensemble kommen, sind sie meist nicht älter als 18 und ihre Familien oft Tausende Kilometer entfernt. »Da brauchen sie jemanden, mit dem sie sprechen können. Und George hatte ein offenes Herz, zu ihm konnten sie immer gehen«, erzählt Reid Anderson. So hat das auch Kammertänzer Friedemann Vogel erlebt. George habe sich um Neuankömmlinge besonders gekümmert und sie sofort integriert. Tamas Detrich weiß noch, wie froh er war, dass George ihn zum Arzt begleitete, als er sich als junger Tänzer einmal verletzt hatte. Detrich war neu in der Kompanie und sprach kein Deutsch. Aber da war noch mehr: »Ich hatte das Gefühl, er ist da, wenn ich ihn brauche. Als Freund oder als Kollege. Ich würde sagen als Freund. Das war ein schönes Gefühl.«

Für George Bailey und Birgit Keil genügte oft ein Moment, um zu wissen, was der andere dachte oder wie es ihm ging: »Sich gegenseitig zu verstehen und zu vertrauen. Nur durch einen Blick. Das war so mit George. Er war so einfühlsam. Ein Seelenmensch.« Ihr Mann Vladimir Klos stimmt zu: »Diese Sensibilität seiner Augen und seines Herzens. Wenn man verletzt war, hat er einen immer aufgebaut.«

Wenn ihn jemand fragt, ob er Kinder habe, macht sich George Bailey noch heute einen Spaß daraus zu antworten: »Ja, ungefähr 60 Kids, mehr als 25 verschiedene Nationalitäten.« Je größer der Altersunterschied zwischen ihm und den Tänzerinnen und Tänzern wurde, desto mehr fühlte es sich für ihn an, als seien sie seine Kinder, zumal er ihnen ohnehin so viel Zuneigung entgegenbrachte. Dabei schätzte er sich glücklich, dass er selbst nicht diesen schmerzhaften Beruf ausübte. Wenn er ordentlich aufgewärmt sei und richtig atme, komme er mit einer minimalen Menge an Schmerzen aus, schrieb er im Mai 1989 in sein Tagebuch. »Mein Verständnis für den Beruf des Tänzers trägt dazu bei, ihm ein gewisses Maß an Komfort zu bieten« – durch ein Lächeln, ein tröstendes Wort, ein Augenzwinkern, ein Schulterklopfen oder ein Kompliment, dass die Arbeit gut war oder wie hübsch man heute aussehe. »Oft braucht es nicht viel, um einen Menschen aufzumuntern oder seinen Tag ein wenig besser zu machen. Ich genieße es, die gute, die schöne, die heitere Seite der Dinge zu sehen«, schrieb er weiter. »Es gibt genug Traurigkeit und Unzufriedenheit in der Welt. Versuchen wir, uns an den guten Dingen, den guten Zeiten, den guten Menschen und den Tänzern zu erfreuen.«

Reid Anderson sagt: »George wusste, was er hatte. Und er wusste, was er nicht hatte. Und was er nicht hatte, war diese Ausbildung. George musste kämpfen, er musste härter arbeiten als jemand, der ein toller klassischer Pianist ist.« Das sei wie bei den Balletttänzern. Manche hätten alles: Ausbildung, Körperbau – alles perfekt. Aber genauso gebe es Tänzerinnen und Tänzer, die wirklich kämpfen müssten, aber eben das gewisse Etwas besäßen: »John Cranko hat das immer *It* genannt. Und George hat *It. Big time It.*« Manche müssten einfach härter arbeiten als andere, für die es sehr viel leichter sei, so weit zu kommen. »Ich bin der Meinung, dass es fast besser ist, wenn man so kämpfen muss. Man schätzt die Resultate mehr.« Umgekehrt denkt Anderson an Pianisten mit klassischem Musikstudium, die in ihrer Karriere jedoch nicht das erreicht hätten, was sie erreichen wollten. Statt auf großen Bühnen Konzerte zu geben, würden sie das Balletttraining begleiten und unter ihrem Niveau arbeiten. »Und wir als Tänzer müssen jeden Tag das Gefühl haben, diese Person ist viel zu gut, und wir müssen darunter leiden, weil er oder sie eigentlich was anderes machen wollte. Das wäre schlimm.« Der Tänzerberuf sei so unglaublich schwer – psychisch und physisch. Da brauche man keinen Pianisten, der es einem noch schwerer mache, weil er entweder keine Ahnung habe oder haben wolle und nicht daran interessiert sei, den Tänzern einen besseren Tag zu verschaffen oder mitzuhelfen, dass alles reibungslos über die Bühne gehe.

»George war George. Und George war anders«, sagt Tamas Detrich. »Ein großer Wert, George zu haben. Er war dabei mit Begeisterung, Liebe und einem großen Herz.« Detrich selbst ging es nie darum, wer der beste Pianist war und die klassischen Werke virtuos spielen konnte. »George gab einem ein Gefühl von einer warmen Demut. Er war demütig. Es war die besondere Atmosphäre, die George kreiert hat. Das hat sehr viel geholfen.« Seine ganze Karriere hindurch sei das so gewesen, ob als Erster Solist oder als Ballettmeister: »George hat immer den richtigen *Mood* gespielt.«

Dabei ist es gar nicht einfach, für ein anspruchsvolles Training zu spielen: Jeden Moment muss der Ballettpianist bereit sein, muss wissen, welche Schritte als nächste kommen, die alle französische Namen tragen. Was bedeutet *Chassé pas de bourrée, Assemblé, Petit battement sur le cou-de-pied*? Wenn Reid Anderson das Training gab, konnte ein Pianist nicht einen Augenblick gedankenverloren vor seinem Instrument sitzen: »Ich spreche sehr schnell, gebe die Übung meist nur einmal vor, dann sage ich: Und! Man muss wissen: Was ist das für ein Schritt? Was ist das für eine Kombination? Die Schrittkombinationen sind immer anders. Die Tänzer müssen sofort zuhören, alles mitbekommen und machen. Und derjenige, der spielt, muss das erst recht. Er muss noch einen Schritt voraus sein, um zu wissen: Ist das ein Walzer? Ist das eine Mazurka? Welcher Takt ist das?«

George sei super organisiert gewesen. »Er ist so ein warmer Typ und so willig.« Wie beruhigend es gewesen sei, wenn man als Tänzer gewusst habe: Oh gut, heute ist George da! Er weiß, wo wir sind, er weiß, wie die Schritte heißen, dass ein *Pas de quatre* ein *Pas de quatre* ist. Er wird nicht nebenbei Zeitung lesen, Tee trinken oder vor sich hindösen. Und er wird nie fragen: »Wo sind wir gerade?« »Er hatte immer Ideen, was den Tänzern Spaß machen könnte. Und er selbst wollte auch so viel Spaß wie möglich haben«, berichtet Reid Anderson. »Was George gegeben hat, hat er auch zurückbekommen.«

Musik und Tanz zu verbinden, diese beiden Welten zusammenzubringen, darauf verstand sich George Bailey, sagt Kammertänzerin Alicia Amatriain. Zugleich musste Bailey wie die Tänzer lernen, seine Energie zu bündeln. Eineinviertel Stunden dauerte das Training. Hätte er am Anfang zu viel gepowert, hätte er nicht durchgehalten. Die volle Energie brauchte er am Schluss, wenn er etwa einen Walzer mit schneller Coda in die Tasten drücken musste. Aber auch dann war es noch nicht vorbei. Oft kamen Tänzer nach dem Training auf ihn zu: »George, kannst du bitte nochmal *Jetés* spielen!« Die Tänzer wollten häufig *Grande Pirouette à la seconde* oder *Manèges* üben, die Tänzerinnen *Fouettés*. Friedemann Vogel hat George etliche Male darum gebeten, genauso Alicia Amatriain: »Er hat immer Extras gegeben. Er hat wirklich einen tollen Job gemacht.« Auch deshalb ist Alicia froh, dass sie mit George arbeiten durfte: »Er hat sich um die Tänzer gekümmert, er hat versucht, sie in Stimmung zu bringen, dass alle diese Fröhlichkeit haben können. Diese Liebe zu den Menschen, die Liebe zur Kunst, zur Musik und für den Tanz, das macht eine Persönlichkeit wie George so besonders. Es wird nie wieder einen George geben im Theater. Man kann diesen Platz nicht wieder füllen. Vielleicht gibt es dann jemand anderen, der auch so geliebt wird.«

Bailey spielte also weiter, wenn die Tänzer es wünschten. Nie hätte er abgelehnt, obwohl er nur 15 Minuten Pause hatte bis zur nächsten Probe. In dieser kurzen Zeit musste er auch Noten holen, sich umziehen, weil es anstrengend gewesen war und er geschwitzt hatte, trotzdem wollte er unbedingt pünktlich erscheinen. Oft war es knapp. Eine weitere Probe folgte am Nachmittag, es sei denn, auf dem Spielplan stand eine Vorstellung, dann hatte er nachmittags frei, aber spätestens eine Stunde vor der Abendvorstellung begann das Aufwärmtraining.

»George war nicht auf die Stunde genau getaktet. Er hat sein ganzes Leben für die Musik gegeben«, sagt Jean Christophe Blavier, ehemals Erster Solist und Choreograf, heute Dokumentarfilmer und Gartengestalter. »George ist die Musik selbst. Er lebt die Musik; die Koloratur der Musik, alles, was George spielte, hatte eine Seele. Und es hatte einen Sinn, weil es aus seiner Kultur kam. Für mich war das am Anfang noch ein bisschen fremd, viel Gospel und Gershwin.« Natürlich habe George auch Klassiker gespielt, aber Prokofjew sei nicht sein Ding gewesen, Mozart dagegen schon. »Sein Lachen am Morgen hat uns schon mal erweckt. Und er hat den einen oder anderen ganz lieb umarmt. Er hat seine Schätze gehabt. Ich war einer davon. Irgendwann in der Woche war ich dran.« Der Franzose erinnert sich, er war 18 oder 20 Jahre alt, als ihn sein Vater einmal im Ballett besuchte: »Mein Papa war auch ein Künstler, ein Maler, ein sehr lustiger Mann, der gerne gefeiert hat.« An jenem Tag saß George Bailey am Klavier, Ballettmeister war Alan Beale, Blaviers Vater schaute zu und machte Skizzen. »George hat nie eine Stunde wie eine Stunde gespielt, sondern wie ein Bach, die Musik ist geflossen. Egal, was er gespielt hat, er hat alle Energie in diesen Flux gegeben. Da hat mein Vater angefangen zu singen.« Der strenge Ballettmeister, zwei Meter groß und dünn, sei ganz steif geworden. »Ich war noch steifer«, erzählt Blavier. »Aber George war immer im Himmel. George ist im Himmel geboren und lebt im Himmel.«

Manchmal trafen sich ihre Blicke, die des Tänzers und die des Pianisten, wenn der strenge Ballettmeister, den Blavier später sehr mochte, sie genervt hat. Bailey und Beale seien ein bisschen wie Konkurrenten gewesen, meint Jean Christophe Blavier. Beale habe das so gesehen: »›Ich gebe das Training, ich gebe den Schritt und du musst die Musik spielen, die dazu passt.‹ Und wenn das nicht passte oder die Plingplong, die George spielte, waren ein bisschen zu Plingplong für Alan Beale, der das nicht mochte und ganz klassisch wollte, dann hat George uns angeguckt und die Augen gerollt.« Die Menschen im Ballettsaal seien immer sehr speziell gewesen. »Und George war eine der Persönlichkeiten, die diese Zeit geprägt haben.«

In den Jahren, als Egon Madsen als Ballettmeister an den Staatstheatern Stuttgart arbeitete, fühlte er sich im Training von George Bailey inspiriert: »Es ist ja nicht so, dass er Seins macht und ich Meins. So funktioniert das nicht. Wir haben uns gut zusammengefunden.« Madsen gefiel es, dass George nicht nur Klassik im Repertoire hatte. »Bei George war Abwechslung und immer viel Gefühl drin.« Im Training müsse es mitunter heiter und trotzdem ernsthaft zugehen: »Wir sind ja auch beide vom Typ her heiter, wir hatten gerne Spaß. Wenn wir im Ballettsaal waren, haben wir halt ein bisschen aufpassen müssen, dass wir es nicht übertreiben. Davor und danach, da schon.«

Friedemann Vogel denkt gerne daran, wie manchmal, mitten im Training, alle gesungen hätten: »Das hat sich so entwickelt, einfach weil gute Laune war.« Wenn George spielte, sei es vorgekommen, dass ein Tänzer angefangen habe zu summen, ein anderer dann zu singen begann: »Plötzlich haben alle mitgesungen – und George ganz laut. In einem normalen Training. Ohne dass jemand gesagt hätte: ›Jetzt singen wir den Song.‹« Da Friedemann Vogel weltweit ein gefragter Gasttänzer ist, kennt er sich aus: »In anderen Kompanien geht es um das pure Arbeiten. Obwohl wir auch sehr ernst nehmen, was wir machen. Aber in Stuttgart vergisst man den Spaß nicht, besonders wenn George dabei war.«

Daran erinnert sich auch Tamas Detrich und fängt spontan zu singen an: »*You must remember this …*« Und ja, *Happy Birthday* ertönte zu jedem Geburtstag. »Ich weiß nicht, auf wie viele verschiedene Arten er *Happy Birthday* spielen konnte. George hatte immer eine Überraschung. *It was so beautiful.*«

II.

»Marcia, ich habe eine Idee!«, rief George Bailey eines Tages. Und Marcia Haydée erwiderte, wer eine Idee habe, müsse sie auch umsetzen. Das musste sie kein zweites Mal sagen bei jemandem wie George Bailey mit seiner überschäumenden Kreativität. »*Fantastic*«, dachte er, »dann mach ich das.« Es ging um seine erste Choreografie. Nicht, dass er sich überschätzt hätte, er wollte sich ausprobieren, experimentieren, wie er es immer gerne getan hatte. Schon als Junge hatte er auf dem Gehweg vor seinem Elternhaus Shows organisiert: »Ich habe die Kinder zusammengeführt und ihnen gesagt, was sie tun sollen.« Irgendwie sei das beim Choreografieren doch ähnlich.

Seit 1958 gab es in Stuttgart bereits die *Noverre-Gesellschaft*. Fritz Höver, der langjährige Vorsitzende, hatte sie zusammen mit einem Dutzend weiterer Unterstützer gegründet. »Die Freunde des Balletts«, wie sie sich nannten, organisierten Vorträge, Ausstellungen, Diskussionen, erklärten Tanztechniken und Choreografien, um die Menschen mit dem Ballett vertraut zu machen, ein interessiertes Publikum zu gewinnen und so auch dafür zu sorgen, dass das Ballett sich weiter von seiner Rolle als Dienerin der Oper emanzipierte. Als John Cranko 1961 Ballettdirektor in Stuttgart geworden war, hatten er und Höver die *Jungen Choreographen* gegründet, damals als Matineé, doch längst waren Abendveranstaltungen daraus geworden, überaus beliebte und meist ausverkaufte Aufführungen. Eine ideale Plattform für Tänzerinnen und Tänzer, die sich als Choreografen erproben wollten. Ein Pianist war noch nie darunter gewesen. Aber George Bailey war eben nicht nur ein Pianist.

Am 5. September 1977, morgens um 3.37 Uhr, knapp zwei Monate vor der Uraufführung, begann Bailey mit gelbem Filzstift in sein Tagebuch zu schreiben, welche Rollen er für seine erste Choreografie vorsah: fünf gesellige Leute, zudem einen Gastgeber, einen Businessman, eine Sexy Lady, ein Paar. Nicht weniger als zehn Tänzerinnen und Tänzer, davon einige Solisten, würden in Baileys Premierenstück auftreten. Der Titel verwies auf ihn als Urheber. *GB's Party* sollte es heißen: Party war also angesagt. Und so bummelten, staksten, stolzierten die Partygäste ins Theaterlicht, unruhig, verführerisch, lässig oder überheblich, je nach Rolle, je nach Charakter. Fürs Entrée begnügte Bailey sich allerdings nicht mit Musik vom Band. Lieber stieg er zusammen mit einem jungen Tänzer namens Tamas Detrich in den Orchestergraben hinab, um Küchenutensilien wie Percussion-Instrumente zu bearbeiten. Als der Businessman auf die Bühne preschte, eine Figur mit einem völlig chaotischen Leben, die alles und jeden aufgerieben hatte, ließen Bailey und Detrich aus dem Untergrund einige Handmixer aufheulen. Als nächstes Tonwunder schlugen sie Schneebesen an Metalltassen und schüttelten Münzen in einer Dose, während das hektische Paar ins Rampenlicht trat. Das Partyvolk grüßte, plauderte, reichte sich die Hände oder Getränke, man setzte sich mittenrein, abseits oder in Szene – und ja, sie tanzten, auf Stevie Wonders *I Wish* und Quincy Jones' *I Heard That!!* und auf George Baileys eigene Kompositionen *She Is Hot*, einen *Pas de deux* für die Sexy Lady und den Gastgeber, und den *Businessman's Waltz*, der den Aktenträger in Schwung bringen sollte.

Eine knappe Viertelstunde dauerte die launige Performance. »Dass die Tänzer das mit mir gemacht haben, war für mich ein Segen. Aber sie hatten genauso viel Spaß wie ich, weil es etwas völlig anderes war.« Reid Anderson half ihm bei der Dramaturgie, obwohl es Bailey selbst nicht an Ideen mangelte, aber Anderson hörte nicht auf zu fragen: »Was willst du mit dieser Idee ausdrücken? Was willst du damit sagen?«, erinnert sich Bailey. »Reid gab dem ganzen Abenteuer eine Form, er gab ihm einen Sinn. Durch die Art und Weise, wie er mich fragte, begann das Stück zu funktionieren.« Seine Stücke seien cartoonhaft und spielerisch, fast kindlich gewesen. »Das war sehr lustig«, sagt Reid Anderson. »George hatte ja keine Ahnung, er hatte keine tänzerische Ausbildung. Er war kein Choreograf und er wusste das auch.« Man könne sich das vorstellen wie bei einem Kind, das ein großes Stück Papier vor sich habe und ganz viele Farben. Überall male es schöne Dinge hin, hier und dort, aber das eine habe mit dem anderen nichts zu tun. Es fehle der rote Faden. »Ich habe versucht, ein bisschen Ordnung zu machen. Aber seine Stücke waren herzig. Die haben das Publikum auch ein bisschen auf den Arm genommen.«

Fünf Tage vor der Premiere am 30. Oktober 1977 schrieb Bailey in sein Tagebuch: »Dann kam Marcia und brachte Leben in die Sache. Was für eine Freude, sowohl mit Reid als auch mit Marcia zu arbeiten! *Wow*, was für ein schönes Gefühl! Reid sagt, an der Choreografie sei nichts falsch, sie müsse nur aufgeräumt und richtig getanzt werden. Ich war so stolz. Und Marcia war enthusiastisch. Das ist wirklich ermutigend.«

Er habe ebenfalls versucht zu choreografieren, erzählt Reid Anderson. Er habe das auch durchgemacht und viel dabei gelernt: mit Menschen umzugehen, sie zu führen, auf der anderen Seite zu stehen. »Um zu erfahren, was jemand durchmacht, der das Sagen hat, ist der Versuch zu choreografieren eine super Lehre. George wollte dieses Gefühl haben, was das für eine Aufregung ist. Sein Herz hat bestimmt geklopft, dass man es sehen konnte, weil er ein Charakter ist. Kein Charakteur, das ist aufgesetzt. Ein Charakter ist natürlich. Er hat Charakter, das ist was anderes.«

Als die Bühnenparty abgefeiert war, die Tänzer in der Kulisse abtauchten, kam der Clou, ohne dass George Bailey es hätte ahnen können: Aus der Musikbox tönte das bekannte englische Wiegenlied *Twinkle Twinkle Little Star* – mit der Melodie von *Morgen kommt der Weihnachtsmann*, was Bailey aber nicht wusste. Das Publikum war entzückt und applaudierte lebhaft. »Ich glaube«, sagt Bailey, »das Stück hatte wegen diesem Lied einen so großen Erfolg.« Dabei waren es noch fast zwei Monate bis Weihnachten. Noch am selben Abend schrieb er in sein Tagebuch: »*GB's Party* ist heute groß rausgekommen. Die Leute liebten es. Die Tänzer waren fabelhaft. Sie schauspielerten und tanzten wie nie zuvor. Es war ein wahres Publikumsvergnügen. Die Zuschauer brachten das Haus mit Applaus fast zum Einsturz. Was für eine Überraschung! Es ist so aufregend, dass es schwer ist, darüber zu schreiben. Solch ein Enthusiasmus, unglaublich! Ich muss mich ausruhen. Oder es könnte gefährlich für mich werden, solange ich mich nicht beruhigt habe.«

Bei dieser Matinée im *Großen Haus* der Stuttgarter Staatstheater stand außer *GB's Party* auch das Werk eines jungen Tänzers auf dem Programm, der sich zu einem Choreografen von internationalem Rang entwickeln sollte: *Serenade 5 + 1* von Uwe Scholz. Und er war nicht der einzige berühmte Choreograf, der seine ersten Stücke in Stuttgart kreierte, unterstützt von der *Noverre-Gesellschaft*: ebenso John Neumeier, William Forsythe, Jiří Kylián, Christian Spuck und Marco Goecke.

An jenem 30. Oktober 1977 saß auch der deutsche Komponist Hans Werner Henze im Publikum, den George Bailey auf einem der Feste bei Harald Fiegle kennengelernt hatte. Henze gefiel *GB's Party* so gut, dass er Bailey für das kommende Jahr zu seinem Sommerfestival nach Montepulciano einlud. Und dafür wünschte sich der Komponist von Bailey eine Choreografie, rund 15 Minuten lang, zu einer Sequenz aus Igor Strawinskys *Madrid*. Im Februar 1978 schrieb der Pianist in sein Tagebuch: »Ich warte sehnsüchtig auf mein Tonband. Eine weitere Herausforderung – *wow* – das Leben ist sehr gut zu mir und für mich.«

Der Ort seiner Geschichte: ein außergewöhnliches Café in Madrid oder anderswo auf der Welt. Ein Piano verbreitet seinen Zauber. Menschen aller Gesellschaftsschichten treffen in diesem Mikrokosmos aufeinander, tanzen, setzen sich mit dem Leben und seinen Widrigkeiten, Vergnügungen, Verlockungen auseinander, symbolisiert durch Süßigkeiten, anziehend verpackt, ausgefallen in der Farbe, Versuchung pur. Doch plötzlich werden sie zu einer klebrigen, zähen Masse wie Kaugummi. Der anfängliche Reiz ist verschwunden, die Probleme sind da. Aber das Leben geht weiter. Nach *GB's Party* nun also die Party des Lebens. Jean Allenby und Mark McClain, Nora Kimball und Tamas Detrich tanzten in Baileys Café – wenige Jahre später alles Top-Solisten. »Machst du mit?«, hatte George ihn gefragt – Tamas Detrich erinnert sich an Montepulciano, aber nicht unmittelbar an das Stück. Dann ein Flash: »*Oh my God!* Ja, eine Cafészene.« Am 29. Juli 1978 war die Premiere im bezaubernden *Teatro Poliziano*. »Ich habe diesen Sommer geliebt«, erzählt Detrich. Er war gerade 19 geworden. »Es war ein unglaublicher Moment, nach Montepulciano zu fahren. William Forsythe war auch da, das waren seine Anfänge.« Wann immer Detrich nach Italien fährt, macht er seither einen Extra-Halt in Montepulciano. »Ich gehe ganz nach oben auf die Piazza und denke zurück: *My God*, es war aufregend. Es war stimulierend für einen jungen Tänzer. Wir haben keine Gage gekriegt, aber die Reise war bezahlt. Eine italienische Mamma hat Pasta und Salat auf den Tisch gebracht. *Very special moments*.«

George Bailey verstand es, mit seinen spielerisch improvisierten Inszenierungen das Publikum zu unterhalten. 1980 choreografierte er das Stück *Walking*, kuriose Bewegungsstudien für die *Military Community and Black Theatre Productions* in Ludwigsburg – und er komponierte selbst die Musik dazu. Und für die *Noverre-Gesellschaft* bestritt er zusammen mit den *Jungen Choreographen* am 22. November 1980 im *Kleinen Haus* einen weiteren Ballettabend. Einen Monat zuvor hatte er in seinem

In seiner eigenen Choreografie *The Other Side* mit Michèle Rabier und Stephen Baynes, 1983

Tagebuch festgehalten: »Unruhige Zeiten, Kriege, Geiseln, Erdbeben, politischer Aufruhr – George Bailey kreiert gerade sein viertes (vielleicht könnte man es als drittes größeres Werk bezeichnen). Die Probleme der Welt setzen sich fort. Ich werde versuchen, den Menschen zu helfen, damit sie lachen können, ihre Sorgen beiseite schieben, um ein wenig Entertainment zu genießen.«

Brother hieß sein Stück. Sein Bruder James Otis hatte ihn dazu inspiriert. Einzelne Szenen der gemeinsamen Kindheit, aneinandergereiht wie eine Collage. »Ich wollte etwas machen, das ihm gewidmet und nah an meinem Herzen ist.« Bailey hatte Mark und Michael McClain gefragt, ob sie die Rollen übernehmen würden: *Let's do it!* Zwei echte Brüder, nicht zwei Tänzer, die zwei Brüder tanzen. Das begeisterte Bailey. Und Mark McClain erinnert sich: »Es hat Spaß gemacht, hier und da richtig zu tanzen und dazwischen zu blödeln. Die Musik war sehr schön. ›Oh, Charleston? Gut, dann machen wir das.‹« So sei das gewesen. Mit Pfiff und Gags brachten sie den *American Way of Life* auf die Bühne. So wie James Otis und George in der Kindheit gemeinsam musiziert hatten, tanzten Mark und Michael zusammen. Und im Stück tanzten sie, als ob sie musizierten. »Michael und ich haben uns gut verstanden, so wie George und sein Bruder. Obwohl wir ja fünf Geschwister waren. Ich denke, wir waren bestimmt brutaler als George und sein Bruder. Deshalb sind wir auch Tänzer geworden, zu viel Energie.«

Nach diesen beflügelnden Miniaturen wurde George Bailey auch für kleine Gastspiele engagiert. Anfang der 80er Jahre luden ihn die Galeristin Beatrix Wilhelm und das Kulturamt der Stadt Leonberg mehrfach ins *Theater im Spitalhof* ein: Unter dem Titel »Tanz-Farbe-Musik« machte sich Bailey mit *GB's Party*, *Walking* und *Brother* nun auch außerhalb Stuttgarts bekannt – und lockte damit »unvorstellbare Besuchermassen« in dieses intime Theater, wie die *Ludwigsburger Kreiszeitung* schrieb. »Außer Rand und Band quittierte das Publikum diese witzig spritzige Darbietung.« Alle drei Produktionen, dem Jazz zugetan, hätten das Frivole und die Nonchalance bewusst in den Vordergrund gestellt. »Betreiber und Inspirator dieser so erquickend lustigen Tanzerei« sei der Korrepetitor des *Stuttgarter Balletts*. Die Show habe »Heiterkeits- und Beifallsausbrüche am laufenden Band« hervorgebracht. Jazz, Charleston, Swing, Blues, Boogie Woogie, alles hatte George in die Stücke hineingepackt – und spielte mitunter selbst am Klavier. Nach einem weiteren Gastspiel im Dezember titelte die Zeitung: »Fröhlichkeit steckte an«. Bailey überraschte sogar mit einer Uraufführrung, die er gemeinsam mit Tänzerin Isa McClain für das *Theater im Spitalhof* choreografiert hatte: *Competitions*, Rangeleien zwischen zwei frechen Jungs, getanzt von Mark McClain, Isas Bruder, und Uwe Scholz – »Uwe Scholz in meinem Stück!« Das kann er sich rückblickend kaum noch vorstellen.

Mit *The Other Side* schuf George Bailey 1983 ein Mini-Musical für zwei Tänzer und einen Pianisten, sich selbst. Er choreografierte, komponierte, schrieb die Liedtexte, und als ob das nicht genügt hätte, tanzte und sang er noch selbst, und mit ihm mussten auch die Balletttänzer singen. Wobei Bailey nicht klassisch tanzte, wie hätte er das hinkriegen sollen, nein, Stepptanz natürlich. Die Geschichte dazu: Eine Truhe ist aus Amerika eingetroffen, geschickt von der Mutter, gefüllt mit kostbaren Erinnerungen aus der Vergangenheit. Davon angeregt, lässt sich das Trio durch eine Fantasiewelt treiben. Bailey war angetan von den Tänzern Michèle Rabier und Stephen Baynes: »Beide können steppen, beide haben gesungen. Sie zeigen verborgene Talente.« Eine amerikanische Show in der schwäbischen Provinz, unkonventionell, leichtfüßig, lebenslustig – und George Bailey als Entertainer mittendrin auf der Mission, die Menschen zu vergnügen.

Im *Amerikahaus Stuttgart*, wo er genau zwanzig Jahre zuvor mit der Jazzband der Uni Denver aufgetreten war, brachte Bailey, anlässlich des *American Theater Month*, zusammen mit den *5th General Army Hospital Gospel Choirs* und Tänzern des *Stuttgarter Balletts* Broadway-Musicals auf die Bühne. Für neun Tänzerinnen und Tänzer, die angekündigt wurden als »The George Bailey Dancers«, choreografierte er *Cabaret*. Bailey sagte damals: »Die Tänzer sind für mich eine unendliche Quelle der Inspiration.« Und heute fügt er hinzu: Dass sie nach einem harten Tag mit Training und Proben bereit waren, in ihrer Freizeit mit ihm zu arbeiten, sich auf seine Ideen einzulassen, zumal er nicht einmal ein Choreograf war, dafür sei er überaus dankbar.

Am 23. Februar 1986 ließ George Bailey die Figuren der Künstlerin Sylvia Nestler, genannt »Mucki«, auf der Bühne lebendig werden, wieder mit selbst komponierter Musik. »Eine Harlequinade« von und mit George Bailey könne, »obwohl sie sich scheinbar so schwerelos, so leichtfertig gibt, durchaus als Talentbeweis gelten, mag sich mancher Zuschauer auch mehr gewünscht haben«, schrieb damals Hartmut Regitz in den *Stuttgarter Nachrichten*.

In *Better than* geht es um das Credo von Baileys Mutter: »Wir als Farbige müssen besser sein als die anderen, damit wir überhaupt eine Chance haben.« – »Meine Mutter kam mit

Georges Choreografie *World Mucki* mit Tänzerinnen und Tänzern des *Stuttgarter Balletts*, 1986

ihren Bibelversen und sagte: ›Mit Gott sind alle Dinge möglich.‹ Und wir glaubten daran. Das war auch Inspiration für uns.« Als Musik zu seiner Choreografie wählte Bailey *Negro Spirituals*, die vom Leben afroamerikanischer Sklaven erzählen, von Gefühlen, Hoffnung und vom Glauben an Gott. Diese Lieder bestechen durch ihre Einfachheit und unbändige Kraft. Die Performance schloss mit einer eigenen Komposition, die er am Klavier spielte.

Jeder Tag hat die Chance, besser zu sein als der vorherige: Sieben Tänzerinnen und Tänzer, auf einer Bank sitzend, symbolisieren die sieben Wochentage, der erste, noch gähnend, schläfrig, faul, seufzend, versucht aufzustehen, wird aber vom Nachbarn niedergedrückt. Wer ins Rampenlicht will, wird weggestoßen. Sieben Tage, sieben Tänzer, aber auch sieben Nationalitäten, sieben Sprachen: Einzeln treten sie ans Mikrofon, jeder spricht für sich, jeder in seiner Sprache, wieder versucht jeder, besser zu sein als die anderen. Aber könnten sie nicht als Teil der Gesellschaft aufgenommen werden, ohne alles auf die gleiche Weise zu tun?, fragte sich Bailey. In jedem Menschen sei doch der Wunsch lebendig, seinen Weg zu gehen, sich von der Norm abzulösen. Und tatsächlich: Zunächst tanzt jeder ein Solo, lässt sich nicht davon abbringen, dann aber ein *Pas de deux*, ein *Pas de trois*, als Höhepunkt alle gemeinsam. Wie alle seine Ballette hatte auch diese Choreografie mit Liebe und Respekt zu tun: »Oftmals werden uns Steine in den Weg geworfen, aber wir müssen bestrebt sein, uns von diesen Steinen nicht behindern zu lassen und auf dem von uns gewählten Weg weiterzugehen. Die Gesellschaft wendet sich oft von Minderheiten ab, was die Herausforderung anregt, besser zu sein. Aber wie endlos sind die Pfade und Mühen auf dem Weg, besser zu sein.«

Better Than war Baileys letztes Stück in der Reihe der *Jungen Choreographen*. Es war 1987, er war inzwischen immerhin fast 43 Jahre alt: Er war nicht mehr jung, und er war kein Choreograf und würde nie einer werden. Auch hatten ihn die meisten

Rezensionen nicht unbedingt beflügelt. Aber dass er überhaupt die Gelegenheit dazu bekam, Ideen zu entwickeln, mit professionellen Tänzerinnen und Tänzern zu arbeiten, Spaß zu haben, sieht er als großes Glück an: »Das verdanke ich Marcia, die mich unterstützt hat.« Birgit Keil ist beeindruckt: »Dass George diesen Mut hatte, zu choreografieren. Das finde ich ganz toll.«

12.

Bevor John Neumeier das Opernhaus betrat und im Ballettsaal den ersten Schritt einstudierte, bevor er überhaupt von Hamburg nach Stuttgart flog, um ein neues Ballett zu choreografieren, musste eines geklärt sein: Welcher Pianist würde seine Proben begleiten? Ingrid Bruy hat das nicht vergessen: »Neumeier hat immer gefragt: ›Ist der George auch da?‹ Dann haben wir gesagt: ›Natürlich ist der George auch da.‹« Egal, mit wem man darüber spricht, alle sagen sie dasselbe: Wenn John Neumeier, Intendant und Chefchoregraf des *Hamburg Ballett*, nach Stuttgart kam, wollte er nur mit einem Korrepetitor arbeiten: George Bailey.

»John's coming. You know what that means?« Ja, George Bailey wusste, was es hieß, wenn Marcia Haydée das sagte: Klavierauszug studieren, unablässig üben – und Süßigkeiten einkaufen. »John Neumeier liebt Süßigkeiten. Und ich liebte es, Sweets zu kaufen. Ich kaufte welche für ihn. Und welche für mich.«

Am 17. August 1978 schrieb George Bailey in sein Tagebuch. »Er beginnt mit der Arbeit an seinem neuen Ballett. Die Musik ist von Chopin. Es wird ein abendfüllendes Ballett werden. Kostüme und Bühnenbild sind von Jürgen Rose entworfen worden.« Und John Neumeier vermerkte am selben Tag in seinem Notizbuch, das er 2008 mit weiteren Texten unter dem Titel *In Bewegung* veröffentlichte: »Erster Tag ging nicht schlecht. Viele Tänzer lernen konzentriert Walzerschritte. Wie immer, wenn ich nervös bin, mache ich zu viele Schritte. Und vielleicht ist der ›leere Raum‹ schon jetzt zu voll mit Bewegun-

John Neumeier

gen und Schritten – guter Pianist. Nicht zufrieden mit meinen Erfindungen. Ich sehe die spezifische Sprache dieses Balletts noch nicht.«

Zwei Jahre zuvor, im Herbst 1976, hatte Marcia Haydée die Direktion des Stuttgarter Balletts übernommen, aber nur unter der Bedingung, dass verschiedene Choreografen, darunter John Neumeier, regelmäßig Stücke für die Kompanie kreieren würden. Schon beim Begräbnis John Crankos hatte Neumeier ihr zugesagt, sie und das Ensemble künftig zu unterstützen. Nun also löste er dieses Versprechen ein, mit einem Handlungsballett, das noch dazu ein Welterfolg wurde: der *Kameliendame* nach dem Roman von Alexandre Dumas d.J., einem Stück von emotionaler und dramatischer Kraft, in den Hauptrollen Marcia Haydée und Egon Madsen: sie als Pariser Edelkurtisane Marguerite Gautier, an Schwindsucht erkrankt und zerrissen zwischen Liebe und Verzicht, er als Armand Duval, nicht ahnend, dass sein Vater die Beziehung verhindert hat, weil er um die Familienehre fürchtete. Von Gedanken und Gefühlen heimgesucht, stirbt die Kameliendame arm und einsam.

Neumeier begann mit dem dritten Satz des Konzerts: »Blauer Ball«. Am 18. August notierte er: »Immer noch nicht zufrieden mit dem Blauen Ball, obwohl ich es mehr oder weniger fertig skizziert habe. Habe viele Varianten versucht, mache viele Änderungen, dass alle, einschließlich mir, verwirrt sind. Ray (Barra) kam am Ende der Probe, Gott sei Dank. Muss den Blauen Ball korrigieren – klarer bekommen. Und mit dem Roten Ball heute Abend beginnen. Irgendwie sieht es noch ungeschickt aus. Ich hasse es, im Ballettsaal eins zu arbeiten, alle gehen ungeniert hin und her durch den Saal, es wirkt auf mich wie Grand Central Station.«

George Bailey erschien *Die Kameliendame* zunächst wie ein Albtraum, eine schwierige Partitur. Er saß am Flügel, direkt neben den Fenstern des Ballettsaals, spielte einige Takte und wartete, spielte wieder und wartete. Während er ausharrte bis zu seinem nächsten Einsatz, blickte er aber nicht zum Fenster hinaus oder gedankenverloren in die Luft, er blätterte nicht in seiner Notensammlung oder einer Zeitung. Baileys Augen waren überall: auf dem Choreografen, dem Ballettmeister, den Tänzerinnen und Tänzern, den Noten. »*Eyes like this*«, sagt er, spreizt seine Hände wie Fächer und legt die Daumen an die Schläfen. Weitblick war nötig, aber auch im übertragenen Sinne: Er musste vorausdenken, was kam oder kommen könnte, wachsam sein in jedem Augenblick. George Bailey fing an, den Klavierauszug zu beschriften, notierte die Namen, die er hörte, für die Bewegungen, die er sah, *Arabesque*, *Pirouette*, zeichnete die Tänzerzahlen ein, die *Dancer counts*, weil eine Choreografie anders ausgezählt wird als die Musik.

»Mein Klavierauszug von *Die Kameliendame* ist immer noch voll von Georges Notizen, voll von dem, was er in die Noten geschrieben hat: Schritte, Aktionen, manchmal auch meine Gedanken«, versichert John Neumeier, jetzt, über vierzig Jahre später. Und Marcia Haydée beschreibt die Beziehung zwischen dem Choreografen und dem Pianisten so: »George war der Liebling von Neumeier. Es gab nicht einen Moment bei den Proben, in dem George etwas anderes gemacht hat. Er war total konzentriert. Nicht wie andere Pianisten, die warten. Er hat mitgemacht, mit uns. Deshalb wollte Neumeier nur mit ihm im Ballettsaal arbeiten. George hat alles gehört, aber nichts gesprochen. Es sei denn, der Choreograf hätte ihn etwas gefragt.«

Wie Cranko und Tetley war auch John Neumeier offen für die Ideen der Solisten, erinnert sich George Bailey: »Obwohl er genau wusste, was er wollte, sagte er nie: ›Ich will das so und so.‹ Er sagte: ›Versuch das! Halte das! Das ist gut, ich mag das, so ging das.« Und wenn der Choreograf entschied: »Wir machen nochmal von da, wo sie im *Relevé* war«, wusste Bailey, bei welchem Takt sie im *Relevé* gewesen war. »Wir konnten Stunden arbeiten ohne Pause. Alles und alles passte zusammen. Es war sehr kreativ. Wenn man eine Person versteht und das Vertrauen ein Teil der Arbeit ist, dann läuft es.« Wenn eine neue Choreografie entstehe, sei das immer eine Herausforderung, eine Situation, in der man verletzbar sei, sagt Neumeier. »Da ist es schön, jemanden zu haben, bei dem man ganz sicher ist, dass eine tiefe Loyalität da ist und eine positive Ausstrahlung. Deswegen war es für mich immer ein bisschen so: Alles wird gut, wenn George da ist.«

Das bedeutete: Auch wenn Pianist Glenn Prince die Proben am Klavier begleitete, war Bailey als Neumeiers Assistent dabei. Und wenn John Neumeier, während er choreografierte, etwas änderte, wusste George Bailey sofort, wo etwas geändert wurde.

Aus der Partitur von *Die Kameliendame* mit Notizen von George Bailey

Daran erinnert sich auch Vladimir Klos. Das sei Georges Professionalität geschuldet. »Er wusste nicht nur, auf eins ist diese Bewegung, er wusste auch, was John gesagt hatte. John hat das sehr geschätzt«, sagt Tamas Detrich, der häufig mit John Neumeier zusammenarbeitete. »George war mehr als ein Pianist, er war ein Teil der Produktion. Das ist sehr wichtig, wenn ein neues Stück kreiert wird. Die Proben, der Ablauf, die musikalische Unterstützung für den Choreografen. Ich glaube, George war der Beste mit den Noten, weil er das alles dokumentiert hat. George hatte eine besondere Begabung dafür. Und er liebte es. Er hat diese besondere Atmosphäre reingebracht. Deshalb war ich immer glücklich, wenn er da war. George war nicht nur physisch da. Das war ihm wichtig, er war stolz, ein Teil dieses Prozesses zu sein.«

Schon am 21. August vermerkte Neumeier, der erste *Pas de deux* von Marcia Haydée und Egon Madsen sei beendet, nach nur einer einzigen Probe. Das sei ungewöhnlich, aber habe sich organisch und zwingend entwickelt. Und Bailey notierte, dass es eine Freude, aber anspruchsvoll sei, mit Neumeier zu arbeiten, sie jedoch gute *Vibrations* hätten. Bailey hatte für den Choreografen bereits seine Noten samt Notizen kopiert. Dafür sei ihm Neumeier sehr dankbar gewesen.

Ohne Humor hätten sie längst nicht so gut zusammengearbeitet. Dabei nehmen viele an, im Ballettsaal ginge es nur ernst zu. John Neumeier und George Bailey haben sich auf Anhieb gut verstanden, vielleicht auch, weil beide Amerikaner sind: »Mit George fühlte ich mich irgendwie zu Hause. Wir haben wahnsinnig viel gelacht. So viel, dass ich immer gesagt habe: wie zwei Schulkinder, so dass die Ballettdirektoren versucht haben, uns zu trennen. Es gab so viele humorvolle Momente oder *Jokes*, die nur wir beide verstanden haben.« Für George Bailey ist das eine wichtige Erkenntnis seiner Karriere und seines Lebens schlechthin: Wenn man besonders hart arbeiten muss, ist Humor umso wichtiger. Nicht alles so ernst nehmen, schon gar nicht sich selbst! Humor lässt harte Zeiten leichter werden, und ja, Musik sowieso.

Zu dieser besonderen Atmosphäre, die Bailey in den Ballettsaal brachte, gehörten die Süßigkeiten: Der Pianist kannte die Vorlieben des Choreografen, ging in die Pâtisserie, kaufte Feingebäck, »John liebte Petits Fours«, dazu brachte er ihm Kaffee oder Tee. »›John, möchtest du einen Tee?‹ – ›Oh, George, das wäre schön.‹« So lief das, aber Bailey biederte sich nicht an. Reid Anderson erinnert sich: »George hat das auf natürliche Weise gemacht. Er wollte, dass John sich wohlfühlt.« Er war ein Teamplayer. Deshalb war er nicht wegzudenken aus dem *Stuttgarter Ballett.* Auf dem Flügel bot der Pianist *Candies* für alle an, die Tänzerinnen und Tänzer konnten sich Süßes nehmen, wann immer sie wollten. »Man muss den Ballettmeister ruhig halten, den Choreografen glücklich und ruhig und den Tänzern Energie liefern.« Zusammen mit den *Candies* servierte Bailey aber stets auch eine kleine Lektion in gutem Benehmen: Wer nur so hineingriff, bekam zu hören: »*Did you ask?*«, wer fragte: »*May I?*«, hörte: »*Did you say thank you?*« – Und sagte darauf: »*Thank you.*« Das war Teil seines eigenen Trainings: »Ich habe das von meiner Mutter gelernt, aber offenbar hatten nicht alle so ein Elternhaus wie ich.« Und wenn die Tänzer während der Proben Wasserflaschen auf dem Piano abstellten oder verschwitzte Klamotten dort ablegten, knautschte sich sein Gesicht zur grimmigsten Maske zusammen, die in seinem sonst so strahlenden Antlitz nur möglich war. Es funktionierte. Zudem gehörte für Bailey immer ein guter Duft zur schönen Atmosphäre im Ballettsaal: kein Tag, ohne dass er ein Parfum aufgetragen hätte, eine holzig-würzige Note. Nein, das habe die Tänzer nicht gestört. Im Gegenteil: »Sie können froh sein, wenn auch ein anderer Geruch da ist. Sie sind oft zu mir gekommen und haben gesagt: ›Du riechst gut.‹«

Überhaupt hatte George Bailey ein gutes Gespür für die Stimmungen der Akteure. Und wenn er sich in den Ballettsaal begab, war er da, egal, wie lange es dauerte. Und genau das sei für den Choreografen und für alle, die mitarbeiteten, so wichtig. Vladimir Klos hat das fast drei Jahrzehnte lang miterlebt: Wenn jemand in einer solchen Situation ständig auf die Uhr schaut, ungeduldig wird, weil die Probe schon eine halbe Stunde überzogen ist: Das geht gar nicht. Es geht eben nicht um die Zeit, nicht um die Arbeit, die von da bis da läuft. »Es geht um die Kunst«, sagt Birgit Keil. Und Vladimir Klos stellt klar: »Wir waren nie Gewerkschafter.« Die Choreografen befänden sich in einem kreativen Prozess, sie könnten nicht wissen, wie sie vorankämen. »Es kann sehr gut laufen, aber es kann auch mal eine Blockade entstehen«, ergänzt Birgit Keil. Dann sei ein Choreograf besonders empfindlich. Die Zeit, die Atmosphäre und die Leute im Saal seien in einem solchen Moment »kolossal« wichtig. Da war George Bailey ein Ruhepol, weil sie sich auf ihn verlassen konnten.

Man denke immer, wenn die Choreografen zu einer Kompanie kämen, hätten sie alles schon im Kopf, sagt Klos. Das sei aber ein Trugschluss: »Als Cranko *Poème de l'Extase* in London gemacht hat, hat er mich nachts angerufen und gesagt: ›Vladimir komm, ich brauche dich hier, ich kann diese Atmosphäre nicht ertragen! Ich brauche jemanden aus Stuttgart.‹ Sie sind total darauf angewiesen.« Deshalb sei Georges Anteil an diesen kreativen Prozessen gar nicht hoch genug einzuschätzen: »George hat etwas, das wenige Menschen haben: Geduld. Nicht, dass er kein Temperament hätte, das hat er natürlich sehr.« Außerdem bestehe zwischen Bailey und Neumeier eine Seelenverwandtschaft.

Repeat! Do it again! Play it again! Das hörte Bailey ungezählte Male, bis jeder Tänzer, jede Tänzerin die Schritte beherrschte. Manche lernten schnell, manche langsam, manche müsse man pushen. John Neumeier habe einmal zu ihm gesagt: »Gut, George, dass du da bist, dann kann ich ruhig bleiben.« – »Einmal hat ihn ein Pianist auf 180 gebracht, weil er da saß und nicht wusste, wo es weitergeht. Er war viel zu langsam. Für John war das die Hölle.«

Am 25. September 1978 schrieb George Bailey nach einer langen Probe in sein Tagebuch: »Wo ist der Tag geblieben? Eines dieser Ganztagswunder, von 10 bis 22 Uhr.« Und drei Tage später: »Der Prolog wurde heute Abend auf der Probebühne festgelegt. Mark und ich sind als Möbelpacker zusammen.«

George Bailey als Möbelpacker? Auch John Neumeier beließ es nicht dabei, im Ballettsaal mit Bailey zusammenzuarbeiten. »Er hat gesagt: ›Du musst auf die Bühne. Der Szenenwechsel ist sehr kompliziert. Wenn auf der Bühne irgendetwas schiefläuft, kannst du das retten. Die einzige Person, die das Ballett so gut kennt, bist du.‹« Neumeier schlug für George Bailey die Rolle des Assistenten des Auktionators vor. Und Bailey antwortete: »John, ich würde gerne dabei sein.«

Tatsächlich war der Pianist seit Beginn in jede Probe involviert. Da war es für John Neumeier nur folgerichtig, dass George nun auch bei der Vorstellung präsent sein sollte: »Er hat die emotionalen Wellen dieses Stücks so verfolgt und verstanden, dass er ein Teil davon war. Wenn jemand so präsent ist in allen Kreationsproben, dann ist es für den Choreografen eine Freude, diesen Menschen auf der Bühne zu sehen und zu wissen, dass er immer dabei sein wird.«

Nach dem Tod von Marguerite Gautier wird ihre Wohnung aufgelöst, das gesamte Inventar versteigert. Da rückt der Auktionator mit seinen Assistenten an, die Teppich, Sofa, Spiegel und eine Ming-Vase samt Sockel wegtragen. Einige Kolleginnen und Kollegen empörten sich: Wie könne er eine solche Rolle annehmen? Als Pianist und Korrepetitor einen Teppich über die Bühne zu schleppen! Das sei doch seiner nicht würdig. Aber er liebte es, auf der Bühne zu stehen, er liebte das Ballett und die Musik. Und John Neumeier versichert, dass er George nicht habe herabsetzen wollen: »Ich fand es immer gut, wenn George in der Nähe war. Und diese Rolle war eine Möglichkeit dafür. Durch seine theatralische Ausstrahlung passte er für diese Rolle sehr gut.«

Mit den Jahren wurde sein Kostüm als Assistent immer eleganter: dunkelgrau gestreifte Hose, schwarze Seidenstrümpfe, langer Mantel, weißes Hemd mit hohem Kragen, Weste und Krawatte in Schwarz. »Jetzt bin ich fast besser angezogen als der Auktionator. Meine Garderobiere Johanna, ein Engel, leider ist sie in Rente, hat am Anfang zu mir gesagt: ›George, dieses Kostüm ist nichts für dich. Du bist ein Gentleman, du musst auch ein Gentleman auf der Bühne sein.‹« Nach und nach kleidete sie ihn dann immer eleganter ein, schaute in der Kostümabteilung nach, was zu ihm passen könnte, bis er irgendwann, wie er findet, »superchic« war: »Das Schönste ist mein Zylinder. Der ist aus Rom, extra hoch. Boah! Er hat mir so gefallen.«

Die beiden anderen Assistenten des Auktionators wurden von Mark McClain, es war sein erstes Jahr in der Kompanie, und seinem Bruder Michael verkörpert. Da seien sie als Statisten mit George auf der Bühne herumgelaufen und hätten Möbel zusammengeräumt. Mark McClain hat nie vergessen, wie John Neumeier damals fragte: »Ihr seid alle drei schwarz. Macht euch das was aus? Ihr könntet auch Nein sagen, ihr müsst das nicht machen. Aber es würde passen.« – »Wenn du meinst, dass es passt, dann machen wir das«, habe McClain geantwortet, und Neumeier: »Ihr habt die Rolle.« Auch rückblickend sagt John Neumeier: »Als Typ passten sie in diese Rollen. Das würde ich heute genauso machen wie damals.« Mit ihrer Hautfarbe habe das nichts zu tun.

Mark McClain, 1960 in New York geboren, stand schon als Kind auf der Bühne der *Metropolitan Opera* und trat mit dem *Stuttgarter Ballett* auf, als es in New York gastierte. Damals lernten er und sein Bruder Cranko und Neumeier kennen: »Cranko hat uns für *Schwanensee* irgendwann mal in blonde Perücken gesteckt, es sollten zwei kleine blonde Kinder sein. Das gefiel Cranko sehr, er musste immer wieder lachen. Und wir wa-

George Bailey im Weihnachtspullover mit Mark McClain im Dezember 2020

ren zwei Pagen mit Turbanen in *Romeo und Julia.*« Als sie noch jünger waren, seien sie im *Rosenkavalier* als Mohammeds aufgetreten. »Es gab tausend Rollen für Schwarze früher in den verschiedenen Opern. Mir hat das nie was ausgemacht. Wir kennen das. Wir sind aus New York, da nimmt man die Rollen, die es gibt. Ich hatte kein schlechtes Gefühl. Nein, wir waren sehr entspannt. Das war damals – und jetzt ist jetzt. Man war damals politisch nicht so korrekt.«

Als Assistent des Auktionators trug George Bailey einen Zylinder und weiße Handschuhe. »Warum trägst du weiße Handschuhe und ich nicht?«, habe ihn einmal ein junger Darsteller gefragt, der die Rolle des Auktionators übernommen hatte. »Farbige mussten als Diener weiße Handschuhe tragen, sie durften die Sachen nicht mit bloßen Händen anfassen«, erwiderte Bailey. Das Gesicht des Darstellers habe sich daraufhin rot verfärbt. »Es war ihm sehr peinlich. ›Das muss es nicht‹, habe ich gesagt und ihn beruhigt. ›So war das, zu der Zeit, in der die Geschichte spielt. Das war normal und gar nicht anders denkbar.‹«

George Bailey ist stolz auf seine Rolle in der *Kameliendame*. Das sei ein Geschenk gewesen. »Da habe ich doch nicht an Farbige gedacht.« Aber an wen er nun sofort denken muss, ist seine ›Tante Hattie‹, die als »Mammy« in *Vom Winde verweht* weltberühmt wurde. Sie sei kritisiert worden, weil sie regelmäßig Dienstmädchen gespielt habe, die den Stereotypen von Afroamerikanern entsprochen hätten. »›Ich spiele lieber eine Magd, als eine zu sein.‹ Das hat sie geantwortet«, erzählt George Bailey. Warum solle sie sich darüber beklagen, für eine Gage von 700 Dollar die Woche eine Magd zu spielen? Wenn sie es nicht täte, wäre sie eine!

Reid Anderson, der oft in der Rolle des Vaters von Armand Duval auf der Bühne stand, hat sich das Bild von George, wie er bei der Auktion mit dem Teppich in den Händen an ihm vorbeilief, ins Gedächtnis eingeprägt. Anderson weiß noch, dass diese Szene sehr kompliziert war: »Da war John Neumeier sehr korrekt und penibel.« Und bei solchen Auftritten konnte sich jemand wie George Bailey einbringen. Einer, der musikalisch ist, die Musik zählen und den Statisten Signale geben kann.

Für drei Vorstellungen war Bailey sogar als Solo-Pianist auf der Bühne: zweiter Akt, auf dem Land. Sonst war dies nur klassisch ausgebildeten Pianisten vorbehalten, aber George bekam diese Chance. Seine Premiere war allerdings nicht im Opernhaus, sondern bei einer Vorstellung im *Forum Ludwigsburg*. Er habe so hart gearbeitet, geübt, geübt, geübt, bis er den Chopin in den Fingern gehabt habe, aber völlig fertig gewesen sei.

Während er erzählt, lässt er seinen Oberkörper erschöpft nach vorne sinken, als ob er die Strapazen noch einmal durchlebte. »Ich war total aufgeregt.« Puuh, wer kam auf die Idee? Er hat es vergessen, zum Glück!

Wer als Pianist bei der Vorstellung auf der Bühne spiele, könne nicht derjenige sein, der die Proben begleite. Das sei nichts für einen *Performing-Pianisten*; der langweile sich in den Proben. Außerdem gingen der Fluss der Komposition, die Energie, die Spannung, die Lebendigkeit verloren, wenn er die Musik jeden Tag im Ballettsaal in Sequenzen zerteile, komprimiere, vereinfache. George Bailey ist es lieber, tagsüber im Ballettsaal zu proben und abends auf der Bühne die Möbel umherzutragen und die Vorstellung zu genießen, als den herausfordernden Auftritt des klassischen Pianisten durchstehen zu müssen. Obwohl er sich dann beim Schlussapplaus in der ersten Reihe zwischen den Startänzern verbeugen durfte, während er als Assistent des Auktionators in der hintersten Reihe verborgen war. Aber er bleibt dabei: Er war lieber Statist als Solist.

Fünf Jahre, nachdem George Bailey am Theater begonnen hatte, war er längst in die Ballettfamilie aufgenommen. Am 27. September 1978 besuchten sie gemeinsam das Cannstatter Volksfest: »Wir wurden ins Hofbräuzelt eingeladen, wir hatten Bier, Hühnchen und Schwein. John war so lustig. Marcia nahm ihn auf all die Fahrten mit, die am aufregendsten waren.« Und er überraschte John Neumeier mit einem riesigen Lebkuchenherz: Wir passen zueinander.

Am Samstag, 7. Oktober, reiste John Neumeier nach Hamburg ab. Er müsse dort noch eine Choreografie beenden. »Er sagte mir«, schrieb Bailey in sein Tagebuch, »er sei nicht sicher, ob er kommt oder geht. Er hat, gelinde gesagt, einen anstrengenden Zeitplan. Ich mag ihn wirklich sehr.« Neun Tage später: »John ist zurück. Ich habe einen schönen Kuss bekommen. Er sieht müde aus. Ich weiß nicht, wie er sein Tempo hält. Ich bin froh, dass er wieder da ist.«

Eine Woche vor der Uraufführung der *Kameliendame* luden Marcia Haydée und Richard Cragun zum Abendessen in ihre Wohnung ein, eine kleine Party für John Neumeier und Natalia Makarova, die berühmte russische Balletttänzerin. »Al und ich waren unter den Ehrengästen, es war wunderbar«, hielt George Bailey in seinem Tagebuch fest. »Etwa 20 Leute, auch Birgit und Vladimir.« Bailey spielte auf dem Klavier einen »*Kameliendamen-Blues* für John und Marcia«. Und Vladimir Klos habe ihm einige nette Komplimente gemacht. »Er mag die Art, wie ich mich kleide.« Nur vier Tage später, am 1. November, nach einer Marathon-Probe am Vortag, 14 bis 22.15 Uhr, ein Dinner bei Birgit Keil und Vladimir Klos: »Sie waren so warm und herzlich, voller Charme und Gastfreundschaft. Vladimir bereitete ein italienisches Essen zu. Es war köstlich.« Das Dessert von Birgit Keil: sündhaft gut, Tee und Kaffee in eleganten silbernen Kannen. »Ein traumhafter Abend.«

Samstag, 4. November 1978: Uraufführung von *Die Kameliendame*. Es gehört zu den Ballettbräuchen, vor einer Premiere *Toi Toi Tois* zu verschenken. Bevor der Vorhang im *Großen Haus* sich hob, während die Tänzerinnen und Tänzer sich aufwärmten, standen auf Baileys Flügel Kuchen, Obst, Nüsse, Petits Fours, als wäre er ein Gabentisch. Wer mochte, stellte Powerfood für das Ensemble darauf ab. Bailey verpackte in letzter Minute noch kleine Überraschungen für die Tänzerinnen und Tänzer, steckte Bonbons in winzige Gläschen und wickelte sie in blaues Seidenpapier. Für Marcia und Egon hatte er Bonbonschachteln gebastelt, »*My book*« darauf geschrieben, als Symbol für das Tagebuch der Marguerite Gautier, und als Glücksbringer französische Süßigkeiten hineingetan. Das originellste Geschenk war für John Neumeier: ein Tagebuch, dessen Seiten er mit Quittungen und Rechnungen seiner Einkäufe beklebt hatte: Wasser, Kaffee, Schokolade und Kekse, Energielieferanten für die vielen, langen Tage der vergangenen Monate. Nicht dass George Bailey alles selbst bezahlt hätte, aber er hatte

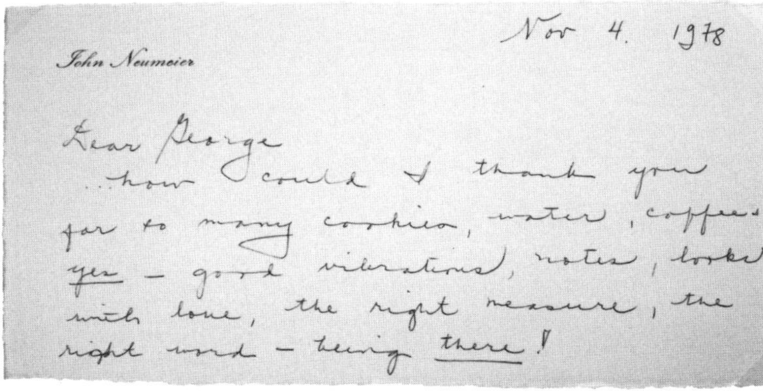
John Neumeier

Nov 4. 1978

Dear George
..how could I thank you
for so many cookies, water, coffee &
yes – good vibrations, notes, looks
with love, the right measure, the
right word – being there!

Am Tag der Uraufführung von *Die Kameliendame* überreichte John Neumeier George Bailey diese Karte: »*Dear George ... how could I thank you for so many cookies, water, coffee & yes – good vibrations, notes, looks with love, the right measure, the right word – being there!*«

es besorgt. »Das war einfach aus Spaß. Und John hat Tränen gelacht.«

Die Uraufführung war ein grandioser Erfolg, ein Erfolg, wie er nur in Stuttgart möglich sei, schrieb John Neumeier im Rückblick. »Glücklich, weil die Rolle Marguerite Gautier der großen Tänzerin Marcia Haydée, wie sie mir nachher sagt, ein neues künstlerisches Leben nach dem Tod John Crankos gegeben hat.« Nicht weniger glücklich und überwältigt war George Bailey: »Ich glaube nicht, dass es jemals eine Premiere mit dem *Stuttgarter Ballett* gegeben hat, der ich so nahe war, an der ich so hart gearbeitet habe und an der ich sogar teilgenommen habe, indem ich mit dem Ballett auf der Bühne stand. Das war einer der Höhepunkte in meinem Leben. Durch John Neumeier und Ray Barra wurde die Freude über die Geburt eines Meisterwerks mit mir geteilt.«

13.

Wenn John Neumeier in Hamburg *Die Kameliendame* einstudiert, holt er auch Jahrzehnte nach der Uraufführung Baileys originale Klavierauszüge hervor. Obwohl sich das Ballett verändert hat über die Jahre, bei jeder Wiederaufnahme. Schon bald nach der Uraufführung in Stuttgart, 1981, brachte Neumeier eine neue Fassung auf die Bühne der *Hamburgischen Staatsoper.* Und trotzdem sagt er: »Georges Schriften, seine Notizen, sind immer noch in meinem Klavierauszug. Wenn ich das Ballett neu einstudiere, benutze ich das als Basis.«

Dazu fällt George Bailey eine Anekdote ein. Eine Choreologin aus Hamburg hätte einmal zu ihm gesagt: Für Neumeier seien Georges Aufzeichnungen wie eine Bibel. Wenn der Choreograf in den Ballettsaal komme und im Arm seine Bibel halte, wüssten sie: Jetzt gibt es eine »George-Probe«, was manchmal zu Diskussionen führe, wenn Neumeier zum Beispiel anmerke: »*George said: ›On this point is Piqué Arabesque.‹*« Heute sagt Bailey amüsiert: »Das fanden die in Hamburg nicht so toll. Aber für mich war das eine Ehre.« Und Mark McClain erzählt, dass er von einem Mitarbeiter am *Festspielhaus Baden-Baden*, wo das *Hamburg Ballett* regelmäßig gastiert, gefragt wurde: »Wer ist eigentlich dieser George? Kennst du ihn?« John Neumeier habe gesagt: Wenn George spiele, sei alles gut.

Im Ballettzentrum Hamburg erinnert noch viel mehr an George Bailey. Er schrieb ja jeden Tag. In seine Tagebücher sowieso, auch in seine Notenblätter, aber er hatte sich auch *Rehearsal books* angeschafft: Probenbüchlein, mit schwarzem Papiereinband und roten Ecken. Oder violett bedruckt. Oder mit edlem Leder bezogen. Meist nicht größer als ein Taschenbuch, oft sogar kleiner.

Nicht jeder Choreograf arbeitet mit Musik, die man aufs Klavier übertragen kann. Und wie hätte George Bailey moderne Orchesterwerke spielen sollen? Wie atonale Musik? Manchmal war es sogar so, dass es gar keine Noten gab. Dann arbeitete Bailey in den Proben mit einer Musikaufnahme, die er auf dem Tonbandgerät abspielte. Bei einem Orchesterwerk von zwei Stunden konnte man dabei leicht den Überblick verlieren. Aber unablässig die passende Stelle zu suchen, vor- oder zurückzuspulen, reinzuhören, wieder vor- oder zurückzuspulen, das konnte er dem Choreografen, den Ballettmeistern, den Tänzern und sich selbst nicht zumuten. Also dachte er sich eine Methode aus, bei der seine Probenbücher mit ins Spiel kamen: Er notierte sich die drei- oder vierstelligen Nummern, die das Abspielgerät anzeigte, seine *key numbers*, schrieb in Kürzeln dazu, was in diesem Moment im Ballettsaal passierte. Ganz analog, Sequenz für Sequenz, Seite für Seite: *steps*, *counts*, *names*, wie er sie sonst in seinen *Scores* notierte.

»Die Bücher habe ich alle«, sagt John Neumeier. »George wusste immer genau, auf welcher Nummer man das und das findet.« Er habe sich sehr bemüht, das alles zu dokumentieren. »Er hat das aber nicht als abwertend empfunden, sondern als Hilfe für die Kreation.«

Nach der *Kameliendame* begann John Neumeier am 10. Oktober 1983 mit den Proben zu *Endstation Sehnsucht* nach dem amerikanischen Schauspiel *A Streetcar Named Desire* von Tennessee Williams, in der Hauptrolle Marcia Haydée als Blanche Du Bois, eine fragile, wohlerzogene, mitunter affektierte Südstaatenschönheit. Obwohl ihr sozialer und finanzieller Abstieg besiegelt ist, glaubt sie, die Lebensart ihrer Vergangenheit in die Gegenwart retten zu können, sucht Schutz in New Orleans bei ihrer Schwester Stella und deren Mann Stanley, einem rohen,

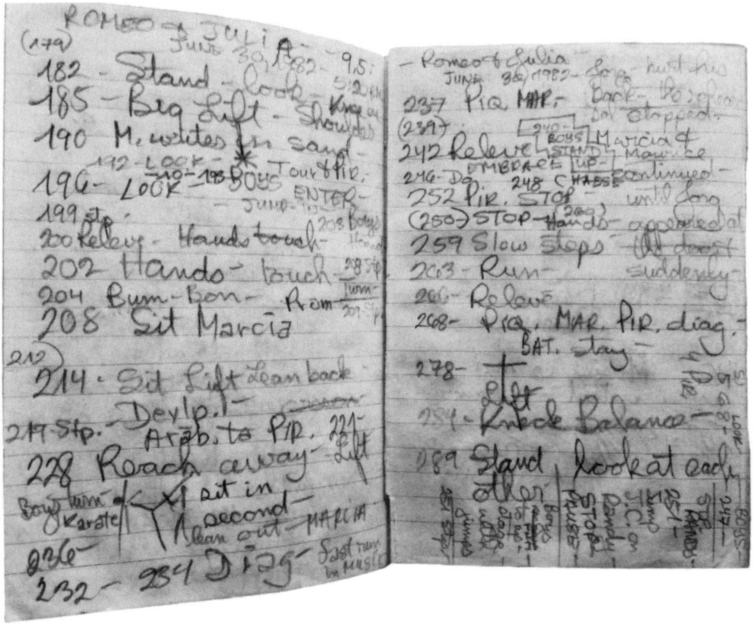

Ein *Rehearsal book* zu *Romeo und Julia*: George Bailey hatte die dreistelligen Nummern des Tonbandgeräts notiert und in Kürzeln dazugeschrieben, was in diesem Moment im Ballettsaal passierte. Zum Beispiel: 219 Stp.- Devlp. Arab. to Pir (*Step Développé Arabesque to Pirouette*)

gewaltbereiten Zeitgenossen, in der Uraufführung getanzt von Richard Cragun. Ein beengtes, brutales Ambiente, ein angespanntes Verhältnis, das letztlich eskaliert. Blanche flüchtet sich in Illusionen, treibt haltlos zwischen Wahn und Wirklichkeit. Der Anfang ist die Endstation, Blanche in der Irrenanstalt. »In diesem Moment der Kreation, die immer eine gewisse Spannung für mich hat, wenn man noch nicht genau weiß, wohin man will, hat es mir viel bedeutet, dass George einfach da war«, erinnert sich John Neumeier. Noch heute ist das Stück im Repertoire des *Stuttgarter Balletts*. Intendant Tamas Detrich sagt: »George war unglaublich wichtig in *Endstation Sehnsucht*.

John wollte nur mit George arbeiten, das ist Tatsache.« Das habe die anderen Pianisten »natürlich ein bisschen gefuchst«, erinnert sich die ehemalige Geschäftsführerin Ingrid Bruy, »aber George hat sich nie aufgespielt, er hat ja eine ganz liebenswerte Art. Neumeier liebte die Art von George.«

Wobei die Proben zu *Endstation Sehnsucht* sehr ungewöhnlich begannen: Zunächst hatte Bailey weder einen Klavierauszug noch brauchte er eine Bandmaschine. Bevor John Neumeier das Drama auf die Bühne brachte, eröffnete er seinem Pianisten, dass es dieses Mal anders laufen würde als üblich. Der Choreograf hatte als Musik für den ersten Teil Prokofjews *Visions fugitives, op. 22* ausgesucht, für den zweiten Teil Alfred Schnittkes 1974 uraufgeführte Erste Sinfonie. »Einige Passagen der Ersten Sinfonie von Alfred Schnittke kann man nicht am Klavier spielen. Sie wird normalerweise improvisiert«, erklärt Neumeier.

George Bailey hatte eine Aufnahme von Schnittkes Musik, nur diese Aufnahme, sonst nichts. Ein Mitschnitt der Uraufführung in Gorki: ein ungewohnter Klangmix, konträre Stile, sich überlagernde Rhythmen. »George, wir können die Musik nicht die ganze Zeit hören. Sonst werden wir verrückt.« Das habe Neumeier zu ihm gesagt »John sagte: ›Egal, was du spielst, Jazz oder was anderes.‹ Darauf werde er choreografieren.« Bailey hörte sich Schnittkes Musik an und verstand: schrill, quietschend, kreischend, rasend ruhelos! Perfekt, um einen in den Wahnsinn zu treiben. »Man möchte sie nicht hören, wenn man beim Abendessen sitzt.« Also improvisierte der Pianist, bis John Neumeier schließlich sagte: »*Let's try with the real music!*« Bailey zückte sein *Rehearsal book* und notierte und notierte. Wenn Neumeier stoppte, vermerkte Bailey die Nummer und die Figur zur Nummer, beobachtete, wie die Probe weiterging, oder überlegte, wie sie weitergehen könnte, und bereitete das Tonband vor mit einem kleinen Vorspiel, damit die Tänzerinnen und Tänzer wieder leichter ins Stück hineinfänden. Wenn Neumeier ihm signalisierte: *Start!* Machte er: Plink! Auf den Punkt genau. Wenn Neumeier sagte: »*Start with the bicycle-step*«, wusste Bailey sofort, zu welcher Nummer er spulen musste. Und Bailey war nicht nur für die Musik zuständig, sondern auch für die *Sound effects* des Balletts. Dafür hatte er ein zweites Tonband, mit dem er eine Katze schreien oder einen Zug pfeifen ließ.

George Bailey habe unablässig mitgedacht, sei sehr präzise gewesen, immer mit einer positiven Ausstrahlung, selbst wenn es nur bedeutet habe, in einer bestimmten Sekunde innerhalb der Ersten Sinfonie von Schnittke die richtige Stelle zu finden, erklärt Neumeier. Und so müsse man erst einmal umgehen können mit den damaligen Tonbändern.

Am 29. Oktober um 11.30 Uhr schrieb George Bailey auf die erste Seite eines hellblauen Tagebuchs mit dunkelblauen Ecken: »John sagte: ›Es ist noch immer eine Probe. Lasst uns mutig sein.‹« – »Marcia liegt im Bett, ein schmutziges Appartement. Sie versucht, eine ihrer Posen zu halten. John will eine Form, einen Rhythmus.« Immer wieder schrieb Bailey in den folgenden Tagen Statements von John Neumeier auf. »Ich kämpfe noch um eine Form.« – »Normalerweise habe ich ein paar Sätze, die funktionieren.« – »Das Gefühl zu bekommen, dass es improvisiert ausschaut, obwohl alles gesetzt ist.« Kurz vor der Uraufführung notierte Bailey: »John hat ein kompliziertes Denkvermögen. Seine Ideen sind sehr komplex. Sie sind grundsätzlich sehr gut, aber für die Tänzer schwer zu greifen. Sie brauchen Zeit, um sie zu verarbeiten.« – »Alle Dinge, die ich gesagt habe, um bildlich die Choreografie zu erläutern, ihr eine andere Dimension zu geben, haben George sehr beeindruckt«, kommentiert John Neumeier. »Er nahm nicht nur die choreografischen Elemente, viel mehr aber noch die emotionalen Aussagen des Balletts in sich auf. Ich hatte das Gefühl, dass er verstanden hat, wo ich hinwollte.«

Nach der Generalprobe am 2. Dezember, am Vortag der Uraufführung, notierte John Neumeier in seinem Arbeitsbuch, das Stück sei »hart, schockierend, tieftraurig«, gewiss keine zweite *Kameliendame*. »Die Zeit verging so schnell, dass es mir überhaupt nicht möglich war, ein ›Probentagebuch‹ zu führen – schade – da es während der vergangenen zwei Monate so viel zu merken, zu notieren gab.« George Bailey aber hatte in diesen zwei Monaten genau das getan, und John Neumeier bewahrt es noch immer in Hamburg auf: Auf 30 Kassetten hat Bailey die Probenzeit festgehalten: »Er hat während der Proben von *Endstation Sehnsucht* alles, was ich gesagt habe, aufgenommen. Nicht nur die Schritte, sondern auch die Art, wie ich versucht habe, die Menschen zu motivieren und den emotionalen Zustand zu erklären.«

Auch zu den klassischen Balletten legte George Bailey *Rehearsal books* an, für das Ende der Probenzeit, wenn im Ballettsaal nicht mehr nur mit Klaviermusik gearbeitet wurde, sondern mit allen Instrumenten und Tönen, um das Ensemble mit dem vollständigen Orchesterwerk vertraut zu machen, zunächst aber nur vom Band, bevor schließlich die Bühnenprobe mit Orchester anstand. Diese Probenbüchlein gingen auch auf Gastspielreise, wenn das *Stuttgarter Ballett* unterwegs seine Vorstellungen mit Musik aus der Konserve begleitete.

»Er war jede Minute zu 100 Prozent da, nichts war ihm zu viel. Er hatte eine Engelsgeduld«, erinnert sich Georgette Tsinguirides. »Und seine Listen waren so präzise wie Ausstellungsstücke.« 41 Jahre lang hat sie an den Staatstheatern Stuttgart mit George Bailey zusammengearbeitet und als Choreologin in der *Benesh Movement Notation* nahezu alle Ballette John Crankos aufgezeichnet, aber auch etliche von Gastchoreografen wie John Neumeier, Kenneth MacMillan und Maurice Béjart – also für die Nachwelt gerettet und mit mehreren Tänzergenerationen wieder einstudiert. Ihre detaillierten Aufzeichnungen, wo sich Tausende von Bögen, Punkten, Strichen, Kringeln und Kreuzen in einem fünfzeiligen Liniensystem tummeln, konnte außer ihr niemand entschlüsseln, kein Choreograf, kein Tänzer, kein

Korrepetitor, zu komplex und kompliziert waren sie. Georgette und George tauschten sich regelmäßig aus, manchmal gab sie ihm auch zusätzliche Hinweise aus ihrer Notation: »›Bei dem Takt kommt ein *Pas de Chat*!‹ Oder: ›Vor diesem Auftritt passiert das und das.‹« Das nahm er dankbar an, notierte es rasch in seinem eigenen Klavierauszug.

Mit den Jahren habe George Bailey alle Ballette auswendig gekonnt. »Man war ein bisschen ruhiger, wenn er da war. Dann lief alles.« Deshalb habe er sich einen so tollen Namen gemacht. »Später hat er unglaublich gefehlt.«

Am Ende der Proben entwickelte sich zwischen den beiden mit der Zeit ein kleines Ritual. George bedankte sich immer bei ihr, woraufhin sie erwiderte: »Nein, ich danke dir.« Irgendwann habe sich daraus der Spruch ergeben: »Das war für mich ein innerliches Volksfest.« Und wenn die Proben einmal nicht so gut liefen, hätten sie sich gegenseitig gefragt: »›War es ein innerliches Volksfest?‹ Wir haben so gelacht. Wenn das Menschliche stimmt, stimmt alles. George war und ist ein Mensch, der Herzenswärme und Stil hat, der Künstler ist, ein Mensch, der für andere da ist. Dazu noch diesen feinen Humor hat. Das ist einfach eine wunderbare runde Sache und die heißt George.«

George Bailey hat als Korrepetitor mit unzähligen weiteren Choreografen zusammengearbeitet: Christian Spuck, Marco Goecke, Demis Volpi, Mauro Bigonzetti, Nacho Duato, Kevin O'Day, Heinz Spoerli, Kenneth McMillan, William Forsythe, Jiří Kylián. Wenn der niederländische Choreograf Hans van Manen in Stuttgart war, um ein Stück einzustudieren, bezog er gerne ein Hotel nahe dem Bahnhof. »Da hatte Hans ein Riesenzimmer. Er hat das geliebt, weil es genügend Platz gab. Man hätte zehn *Grands Jetés* machen können«, erinnert sich George Bailey. Er selbst war auch einige Male dort. Wenn sie keine Zeit mehr gehabt hätten im Ballettsaal, habe Hans gesagt: »George, komm in mein Zimmer.« Der Choreograf zeigte ihm die Schritte, der Pianist machte sich Notizen, damit sie für die nächste Probe vorbereitet waren. »Er hatte einen tollen Sinn für Humor. Crazy Hans, wonderful!«

Nachdem John Neumeier 2003/04 *Endstation Sehnsucht* wieder aufgenommen hatte, schrieb der damalige Ballettintendant Reid Anderson: »Lieber George, ich wollte Dir nur für deine wunderbare Arbeit an ›STREETCAR‹ danken. John wollte Dich ganz ausdrücklich und ich verstehe, warum. Du hast Dich wirklich brillant um ihn ›gekümmert‹! Du hast den ganzen Prozess einfacher, reibungsloser und professioneller gemacht. Du hast einen GROSSEN Unterschied gemacht. DANKESCHÖN. Mit herzlichen Grüßen & In Liebe, wie immer, Dein Reid.«

George Bailey nimmt ein Portemonnaie aus schwarzem Leder aus seinem Schrank, fast schon eine kleine Tasche. Das habe ihm John Neumeier geschenkt: »John sagte: ›Vielen Dank für deine viele Arbeit und Treue.‹« Und noch ein Notizbuch, in braunes Leder gebunden, nachdem sie 2008 *Othello* einstudiert hatten: »Dieses gegenseitige Vertrauen ist sehr wichtig«, sagt Bailey. »John hat einen ganz besonderen Platz in meinem Herzen und das weiß er. Er hat nicht nur bewiesen, dass er ein sehr aufrichtiger Mensch ist, sondern auch ein schöpferisches Genie. Die Freude, ihm nahe zu sein, werde ich mein ganzes Leben lang in Ehren halten. Es ist ein weiterer Traum, der wahr geworden ist.«

George Bailey und John Neumeier seien ein gutes Team gewesen, meint Georgette Tsinguirides. »John mochte George wahnsinnig gerne. Und George verehrte John.« John Neumeier selbst erklärt das so: »George war nie nur begleitend dabei, sondern ausgesprochen engagiert – in allen Arbeiten, die wir gemacht haben. Deswegen war es wichtig, dass er da war.«

14.

Maurice Béjart war Anfang 1983 nach Stuttgart gereist, um für sein Ballett *Gaîté Parisienne* die Rollen zu besetzen. Der Choreograf betrat gemeinsam mit Marcia Haydée den Ballettsaal, beobachtete das Training, die Tänzerinnen und Tänzer, und überlegte dabei, wer zu welcher Rolle passen könnte. »Sie kommen an einem Tag, schauen und sagen: ›Den will ich, den will ich.‹ So sind die Choreografen«, erzählt Haydée. Dafür hätten sie den entscheidenden Blick. An jenem Tag in Stuttgart habe Béjart, kaum sei er hereingekommen, gesagt: »Marcia, ich will deinen Pianisten. Wie heißt er?« – »George Bailey«, erwiderte die Ballettdirektorin. Darauf Béjart: »Ich will George als Gräfin.«

Ob dieser George auch schauspielern könne? Ein sehr guter Schauspieler sei er, gab Marcia Haydée zurück. »Du kannst ihn nehmen.« Rückblickend sagt sie: »Alle in seiner Familie waren Künstler, das ist in seinem Blut. Das ist etwas, das du nicht lernst. Entweder du hast es oder du hast es nicht. Und George hat es. Er musste das nicht auf einer Schauspielschule lernen. Er war immer ein Künstler. Gott sei Dank ist er nach Stuttgart gekommen. Das war die richtige Kompanie für ihn. Und es war der richtige Moment. Alle Choreografen wollten mit George arbeiten.« Und Marcia Haydée wollte mit Maurice Béjart arbeiten: »Wir waren die zweite Kompanie von Béjart. Wir hatten fast sein ganzes Repertoire.«

In *Gaîté Parisienne* hatte Maurice Béjart die Zeit bei seiner Ballettlehrerin Madame Rousanne verarbeitet, zwölf prägende Jahre. In ihrem Pariser Studio unterrichtete die Madame in der Nachkriegszeit eine ganze Generation französischer Tänzerinnen und Tänzer. Und so kommt in Béjarts revueartiger Choreografie der junge Bim nach Paris, um Tänzer zu werden. Seine Ballettlehrerin wendet sich ihm mit mütterlicher Zärtlichkeit zu, fordert aber eiserne Disziplin, verehrt und triezt ihn gleichermaßen. Bim flüchtet sich in eine Traumwelt, beschwört das Paris des Zweiten Kaiserreichs und der jungen Dritten Republik herauf, bevölkert mit historischen Gestalten – Napoléon III., Husaren und Hofdamen, Pariser Bürgern und Cancan-Tänzerinnen, lebendig gehalten von Jacques Offenbach und seiner Musik. Die Charakterrolle der Madame besetzte Béjart mit Marcia Haydée, als Bim hatte er Mark McClain ausgewählt, Uwe Scholz als Offenbach – und George Bailey wurde zur Gräfin de Ségur, geborene Rostopschin.

»Maurice möchte, dass du in seinem nächsten Ballett mitmachst«, eröffnete die Direktorin ihrem Pianisten. »Oh, schön! Was muss ich machen?« – »Du musst Lederstiefel mit Highheels tragen. Du hast einen Fächer in der Hand und eine Peitsche.« – »*Excuse me?*«, fragte Bailey ungläubig zurück. »Du bist angezogen wie eine Frau.« – »*Excuse me?*« – »Und du musst lachen wie eine Hexe.« – »*Oh my god, Marcia!*« – »*You'll see, you'll see!* Maurice sagt, du bist perfekt für die Rolle.«

Das klang herausfordernd, aber George Bailey war »im siebten Himmel«. Als Kind hatte er oft die Kleider seiner Mutter anprobiert und ihre hochhackigen Schuhe. »Ich wusste, mein Bruder war der Junge und ich sollte eigentlich das Mädchen sein. Also war ich ein kleines Mädchen, um sie nicht zu enttäuschen. Dann komme ich nach Stuttgart ins Ballett und die stecken mich in Frauenkleidung und hohe Schuhe. *Crazy!*« Er liebte originelle Kostüme, und sich zu verkleiden sowieso. Was er allerdings nie zuvor probiert hatte, war die Hexenlache. Es wollte nicht klappen, egal, wie oft er es versuchte. »Er hat immer geschwitzt«, erzählt Marcia Haydée. »Ich habe gesagt:

George Bailey als Gräfin de Ségur in Maurice Béjarts *Gaîté Parisienne*, 1983

George, relax, relax, let's go!« Aber er war zu zaghaft, er traute sich nicht, dieses schrille, hinterhältige Lachen loszulassen, er hatte doch eine gute Erziehung genossen. »Nein, George, das geht so nicht. Mach nochmal!« Marcia Haydée war unerbittlich. »Als er es verstanden hatte, war er perfekt.«

Manchmal probte George Bailey in der Unterführung am Theater, das war sein Übungsweg. Allerdings nur, wenn er dort alleine war – wobei es einen kritischen Moment gibt, in dem es sein kann, dass auf der anderen Seite bereits jemand die Treppen hinabläuft und hört, was in der Unterführung passiert, ohne dass er bereits zu sehen wäre. Manchmal passierte das tatsächlich. Vermutlich konnten die Passanten zunächst gar nicht glauben, dass die Töne, die da durch den Tunnel hallten, von ihm, dem Gentleman, stammten, aber außer ihm war niemand da. »Manche Fußgänger haben gelächelt, manche gelacht, manche nur geguckt, ob ich ganz normal bin. Andere sind schnell vorbeigelaufen, damit ich ihnen nichts tue. Es war abenteuerlich.«

Die Tänzer im Ballettsaal hätten zunächst gar nicht gelacht, erinnert sich Bailey. »Sie waren schockiert, weil ich so laut war.« Puhh, George! »Doch als sie wussten, wann ich loslege, haben sie sich sogar darauf gefreut.« – Es gab sie wirklich, diese Gräfin de Ségur, geborene Rostopschin, Tochter eines russischen Generals. Sie lebte als Schriftstellerin in Frankreich, als Verfasserin von Kinderbüchern – mit sadistischer Tendenz, deshalb diese Peitsche. Das hatte ihm Béjart erzählt, der die Bücher gelesen hatte.

Am 28. Mai 1983, fünf Jahre nach der Uraufführung bei Béjarts *Ballet du XXe siècle* in Brüssel, fand die Erstaufführung von *Gaîté Parisienne* in Stuttgart statt. Auf der Bühne ein ausgelassenes Treiben. Bims Freunde tanzen, singen, rufen plötzlich: »*Silence, Silence.*« Einer von ihnen kündigt an: »*La Comtesse de Ségur.*« Da schreitet sie mit opulenter Robe ins Bühnenlicht, stellt sich vor als »Geborene Rostopschin« und schickt ihr bizarres Gelächter hinterher, nähert sich Marcia Haydée, der Madame, greift ihre Hand: ein vornehmes Tänzchen der beiden Damen, bevor die Comtesse der Madame die Peitsche reicht. Der Tanzschüler Bim, ein gewiefter, drolliger Kerl, springt herbei und versucht der Comtesse unter den Reifrock zu spähen, sie aber packt ihn und versohlt ihm den Hintern. Er schafft es, auszubüxen, und die Comtesse jagt hinterher.

Als Gräfin de Ségur versucht George Bailey, dem Tanzschüler Bim (Mark McClain) den Hintern zu versohlen.

Viel länger als die Performance dauerte es, bis sich Mr Bailey Schicht um Schicht in die Gräfin de Ségur verwandelt hatte. Es war so aufwendig, dass Albrecht Mayer den Verkleidungsakt in einer Fotostrecke dokumentierte: erst die helle Halbperücke mit den langen Locken auf den Kopf, nur obendrauf. An den Hinterkopf die gerüschte Haube, mit einer großen Schleife unter dem Kinn zusammengebunden. Dann das Make-up. Unten ging es weiter mit hochhackigen Schnürstiefeln aus schwarzem Leder und den weißen langen Unterhosen mit Rüschen. Danach der Reifrock: drei unterschiedlich große Reifen, zusammengehalten von einem Netzrock. Darauf der Überrock: dunkelviolett, gerüscht und mit schwarzem Samtbesatz, hinten geschnürt. Da musste Garderobiere Johanna ran, während George Bailey sich die schwarzen Spitzenhandschuhe überstreifte. Johanna half ihm auch in die langärmelige Bluse und schloss dann am Rücken jedes einzelne Häkchen. Als die Gräfin schließlich bereit war für ihren Auftritt, reichte ihr die Garderobiere den schwarzen Spitzenfächer mit Samtbändchen für die linke Hand, die Seilpeitsche für die rechte. Marcia Haydée fand: »George sah toll aus.«

Wenn er in den Seitenflügeln der Bühne auf seinen Einlass wartete, musste er nicht nur aufpassen, dass er sich nicht verhedderte, er durfte mit seinem ausladenden Kostüm auch keinesfalls den Tänzern den Weg versperren, wenn sie schnell auf die Bühne oder von ihr abgehen mussten. Backstage ist Rücksicht besonders geboten. Und schwer war dieses Kleid mit den vielen Lagen aus Seide. Dazu kam das Gewicht der unzähligen aufgenähten Samtbänder. Aber George Bailey mochte den kostbaren Stoff, auch wenn er erst lernen musste, mit der Masse an Material und den hohen Absätzen anmutig über die Bühne zu schreiten, sich zu verbeugen, rückwärts zu gehen, ohne sich umzudrehen, und zuletzt vor den Vorhang zu treten: »Alles muss geprobt werden, damit es auf der Bühne natürlich und elegant aussieht. Ich habe jede Sekunde geliebt, es war eine weitere Traumrolle für mich.« Und jedes Mal, wenn er auf die Bühne gekommen sei, um sich zu verbeugen, sei das Publikum »verrückt« geworden. Marcia Haydée erinnert sich noch gut daran: »Die Zuschauer haben angefangen zu schreien: ›Bravo, bravo!‹ Das war sein Moment.« Das Publikum war hingerissen von Baileys Bühnenpräsenz. Und es sei keine einfache Rolle gewesen. Allein, sich mit diesem Kleid zu bewegen. »Maurice hat gesagt: ›George war der beste in dieser Rolle. Er hat einen anderen Ausdruck als die anderen. Er hat dieses Besondere. Er kann aus einer kleinen Rolle etwas ganz Großes machen.‹« Noch heute schwärmt Choreologin Georgette Tsinguirides: »Das war der Wahnsinn! Das hätte keiner so gebracht wie George. Er ist ein Komödiant. Und er liebte es, auf die Bühne zu gehen. Er hatte fantastische Rollen.« Und Mark McClain sagt: »Er war in allen Rollen sehr gut, weil er sie mit Leben füllte.«

Albrecht Mayer, Georges Partner, war genauso begeistert, nicht aber Honeybunch, seine Mutter. Wenn sie ihren Sohn besuchte, schaute sie sich auch die Ballettvorstellungen an, und wenn er mitwirkte, umso besser. Also saß sie bei *Gaîté Parisienne* gespannt im Parkett, um George auf der Bühne zu sehen. Schließlich kam er: als Frau in einem Reifrock. »Sie war am Anfang total schockiert«, erinnert sich Bailey. »Woher hast du dieses Kleid?«, wollte sie wissen. Im Theater könne man alles machen, beruhigte er seine Mutter, sie zum Mann und ihn zur Frau. Es war schwer für Marian Morrison, das zu akzeptieren. Andererseits konnte ihr nicht unbemerkt bleiben, wie fasziniert die Zuschauer von ihm waren. Trotzdem musste sie sich erst daran gewöhnen. Immerhin kam sie aus einer Familie, in der alles korrekt zuging: so, wie es sein sollte, und nicht anders. Ironischerweise behaupteten manche Leute, in dieser Rolle sehe er aus wie seine Mutter.

Wenn George Bailey Klavier spielte, aber nur dann, sah Maurice Béjart manchmal sogar beim Training zu, was unüblich ist für einen Choreografen. Ihm gefiel es, wenn der Pianist Stücke aus Opern und Operetten spielte, Rossini, Puccini, was immer er im Repertoire hatte. »Maurice hat gelächelt. Oder er kam und berührte meine Backe. Oder er hat mich am Rücken gestreichelt. Süß. Das bedeutet so viel. Nur eine kleine Geste, aber das bedeutet, dass sie mögen, was ich tue.« Einmal

Choreograf Maurice Béjart (hintere Reihe, Bildmitte neben George Bailey) mit den Tänzerinnen und Tänzern seines Balletts *Operette*: ganz rechts hinten: Jean Christophe Blavier, vorne auf der Couch sitzend, von links: Richard Cragun, Marcia Haydée und Tamas Detrich, 1985

gab Béjart ausnahmsweise sogar selbst das Training und fragte George Bailey, ob er ihn am Klavier begleiten würde: »Maurice war schüchtern, empfindsam und streng zugleich«, erinnert sich Bailey. »Und er war ein großer Fan von mir. Als wir bei einem Gastspiel in Paris waren, kaufte ich ein Buch von ihm und er schrieb hinein: ›*My secret love*‹.« In seiner Choreografie *Wien, Wien, nur du allein* brachte Béjart ihn sogar als Pianisten auf die Bühne. Und in den Proben wollte er ebenso wie John Neumeier nur mit George Bailey arbeiten. Die Choreografen müssten ja an tausend Dinge gleichzeitig denken, erklärt Mark McClain: »Obwohl sie alles supergut wissen, geht manchmal was verloren.« Mit George Bailey sei jedoch nie das Gefühl entstanden, dass es nicht vorangehe, die Proben abflachten. Wenn ein Choreograf nicht weitergekommen sei, habe er gefragt: »George, wo waren wir? George, warum funktioniert das nicht?« – »*Maybe* …«, habe Bailey dann diplomatisch geantwortet, »weil du es das erste Mal anders gemacht hast.« – »Ah, wirklich? Okay.« Das habe geholfen, wieder zusammenzukommen, sich zurechtzufinden. »In diesen Momenten passiert manchmal etwas Blödes, was man so oder so nehmen könnte. Und George lacht dann. Er lacht aus vollem Herzen. Plötzlich lachen alle wegen dem Lachen von George, die Anspannung ist aufgelöst für den ganzen Ballettsaal. Da war er wie ein Katalysator.«

Die Kompanie funktionierte – und George gehörte dazu. »Egal, was passierte, alle hatten ihre Hochs und Tiefs, wir schafften es, da durchzukommen«, sagt Mark McClain. »Viele der Jahrhundertchoreografen waren in Stuttgart: Balanchine, Ashton, Neumeier, Scholz, Kylián, MacMillan, Forsythe. Es sind alles nur Menschen, besonders, wenn man sie kennt.« McClain muss lachen. »Es hat einfach funktioniert. Und es bedarf einer großen Energie dafür. Dazu gehören die verschiedenen Menschen, ob sie von der Musik kommen, von der Bewegung, von der Idee. Jeder setzt woanders an. Manchmal waren es wirklich nur Ideen, die die Choreografen mitbrachten. Sie fingen am ersten Tag einfach an, aber mit den richtigen Leuten wurde was daraus.«

Zwei Jahre nach der Premiere von *Gaîté Parisienne*: Béjart, Marcia Haydée und George Bailey sitzen im Stuttgarter *Schlossgarten-Café*, um über Baileys Rolle in Béjarts neuem Ballett zu sprechen. Béjart ist gerade dabei, seine erste und einzige Uraufführung für das *Stuttgarter Ballett* zu kreieren: *Operette*, wo es erneut um eigene Kindheits- und Jugenderinnerungen geht: So wie sich Bim in *Gaîté Parisienne* in eine Traumwelt flüchtet, flüchtete sich Maurice, 1927 in Marseille geboren, während des Zweiten Weltkrieges in die Welt der Operette, ohne

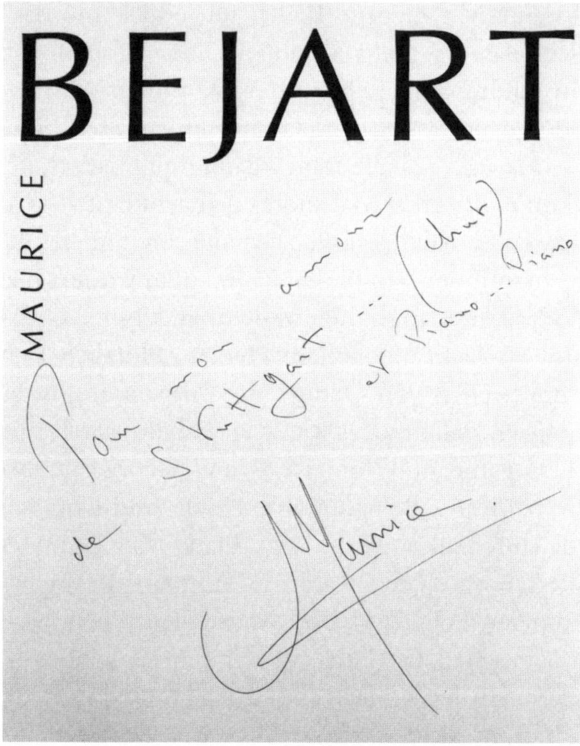

***»Pour mon amour de Stuttgart … (chut) et Piano … Piano«*, eine Widmung für George Bailey von Maurice Béjart**

dass seine Eltern davon erfahren hätten. Seine Schwester nahm ihn mit ins Theater. Sie liebte Operetten, und der Junge lernte sie lieben.

Da sitzt also das Trio im Café und überlegt, welchen Text Bailey im Stück sprechen soll. George meint, es müsse etwas zu tun haben mit »*Once upon a time*«. »Ja, genau«, stimmt Maurice ihm zu. – »*When I was a little boy*«, fügt George hinzu. – »Nein«, erwidert Maurice: »*When you were a little girl*. Du bist angezogen wie eine Lady, hast blonde Haare und Perlen umgehängt.« In der Tiefe der Bühne soll George Bailey von einem Podest hinuntersteigen, Richtung Publikum schreiten, den rechten Arm und den Zeigefinger nach vorne strecken, innehalten, voll konzentriert ins Publikum blicken und sagen: »*Yes, I remember it well. Once upon a time, when I was a little girl.*« Und er muss diesen Text so würdevoll vortragen, dass das Publikum nicht zu lachen beginnt. Nicht einmal versucht ist, zu lachen. Das fordert Maurice Béjart. »Es wird ganz ruhig sein. Niemand wird lachen.« Darauf soll sich Bailey mit anmutiger Eleganz umdrehen und zurück zu seinem Platz auf dem Podest gehen, wo ein Klavier steht.

Für George Bailey war Maurice Béjart ein Genie, nicht nur wegen seiner Musikalität: »Er konnte genau erklären, was und wie er es wollte. Er bezog dich so mit ein, dass du ein Teil davon warst.«

Dienstag, 16. Juli 1985, die Uraufführung. George Bailey schlüpft in ein türkisfarbenes Kleid mit Spitzen und Perlen im Stil der Swinging Twenties. Wie unkompliziert das war verglichen mit seiner Gräfinnen-Robe! Auch das Make-up weniger aufwendig. Eine blonde Perücke auf dem Kopf, eine Perlenbrosche auf der linken Brust, ein Perlenarmband am rechten Handgelenk, eine Perlenkette um den Hals gehängt. Dieses Mal Schuhe mit niedrigen Absätzen, so dass er leicht über die Bühne laufen kann. Zuletzt setzt ihm die Garderobiere den Hut mit der breiten Krempe auf und heftete ihn an die Perücke. George Bailey ist bereit für seinen Auftritt. Und Maurice Béjart behält recht: Die Zuschauer lachen nicht über diesen Mann in Frauenkleidern. Sieben Solisten, darunter Marcia Haydée, Richard Cragun, Tamas Detrich, Jean Christophe Blavier, tanzen zur Musik, wie sollte es anders sein, aus Operetten von Toselli, Lehár, Youmans, Offenbach, Zeller, Lecocq und Strauß. Cellistin Gabriele Weber, ebenfalls im historischen Kostüm, und George Bailey am Klavier spielen eine Serenade von Toselli.

Für den Pianisten gab es während dieses Balletts noch einen weiteren »Nervenkitzel«: Bei einem Fest von Marcia Haydée hatte George Bailey sein *Tea for Two*-Arrangement nach Vin-

George in seiner Rolle in *Operette*

cent Youmans' Song für das Broadway-Musical *No, No, Nanette* gespielt. »Wir haben immer Feste gemacht. Wenn Maurice da war, sowieso.« Béjart hatte Baileys Performance gesehen, war begeistert gewesen und hatte versprochen, sie in einem seiner Ballette zu verwenden. In *Operette* war es soweit: Richard Cragun tanzte dazu ein Stepp-Solo, und am Ende des Stücks spielte George Bailey Arpeggios rauf und runter, immer schneller, immer verrückter, bis er in gespielt nervösem Übermut vom Klavierhocker fiel. Es sah komisch aus, war aber bei Live-Auftritten gar nicht einfach, je nachdem, wie das Klavier auf dem Podest platziert war, wieviel Platz Bailey hatte, um zu fallen, und welchen Winkel er wählen musste, um sich nicht an den Klavierpedalen zu verletzen. Aber: »Wir haben mit diesem Ballett unglaublichen Erfolg gehabt. Es war eine echte Publikumsfreude. Und wir genossen es, es aufzuführen.«

Einige Zeit nach der Uraufführung, wieder eine gelungene Vorstellung mit tosendem Beifall und Jubelrufen. Hand in Hand verbeugen sich die Tänzer und Musiker, als plötzlich ein riesiger Blumenstrauß zu Baileys Füßen fällt. Instinktiv will er ihn weiterreichen an Marcia Haydée, doch dann sieht er die Karte: »George«. Die Blumen sind für ihn. Überrascht, ein bisschen aufgeregt, aber sehr dankbar, verbeugt er sich elegant wie eine Grande Dame, weil er das bei den Tanzstars gesehen hat – und merkt dabei nicht, dass sich der Vorhang hinter ihm schließt. – Da steht er nun, völlig alleine auf der Bühne, mit seinem Blumenstrauß. 1400 Zuschauer im Opernhaus applaudieren ihm, und je länger er dort steht, desto kräftiger wird der Beifall. Nach dem Blumenstrauß fliegen ihm nun auch Bravo-Rufe entgegen. Er lächelt voller Stolz und Freude, als wäre er der Star des Abends.

Hinter dem Vorhang aber rätseln die Kollegen: Wo ist nur George? Als sich der Vorhang wieder öffnet und die Tänzerinnen und Tänzer nach vorne treten, schauen alle zu ihm herüber, um zu verstehen, was geschehen ist. Schnell reiht sich George Bailey wieder ins Ensemble ein. – Die Blumen waren von einem Freund. Wie hätte er ahnen können, welch unvergesslichen Solopart er George Bailey damit bescheren würde.

15.

An der Oper in Marseille, wo Maurice Béjart drei Jahrzehnte zuvor die Welt der Operette entdeckt hatte, begann Jean Christophe Blavier seine Ballettausbildung, bevor er sich nach Paris aufmachte. Als er 18 Jahre alt war, erhielt er sein erstes Engagement in Stuttgart. Das war 1980. Wenige Jahre später tanzte er in *Gaîté Parisienne* und *Operette*, erlebte Béjart bei den Proben und George Bailey in den Frauenrollen. »George ist ein Bühnenmensch«, sagt Blavier. »Er war schon eine einzigartige Perle für einen Choreografen wie Béjart.« Dass Béjart Frauenrollen mit Männern besetzte, wundert ihn nicht. Schließlich gehe das auf den Ursprung des Theaters zurück: Bis ins 17. Jahrhundert traten im Theater fast ausschließlich Männer auf, also auch in Frauenrollen, und noch im 18. Jahrhundert hielt man es nicht für erforderlich, dass das Geschlecht des Darstellers mit dem der Rolle übereinstimmte. Zudem sei Béjart ein großer Fan asiatischer Kunst gewesen. Auch George Bailey liebt Japan und eben das Kabuki-Theater, wo noch heute auch die weiblichen Rollen von Männern gespielt werden.

1996 wagte sich Jean Christophe Blavier an seine erste Choreografie. Er wollte *Cinderella* inszenieren, nach dem Märchen von Charles Perrault. Im Kammertheater fand er die Bühne dafür und mit George Bailey die richtige Persönlichkeit für die Rolle der Patin. Das stand für ihn von Anfang an fest. Baileys Rolle in *Operette* hatte Blavier dazu inspiriert.

Und Bailey war nicht nur der Richtige für diese Rolle – Blavier brauchte *support* und fand ihn bei George Bailey: »Jemand, der mitdenkt, der mit ganzem Herzen dabei ist.« Die gleiche Unterstützung, die der Korrepetitor John Neumeier und Maurice Béjart hatte zukommen lassen, erfuhr nun der Erste Solist des *Stuttgarter Balletts*, als er erstmals zum Choreografen wurde. Auf Blavier lastete der Druck, auf die Minute eine frische Idee zu bringen, aber mit George Bailey zu arbeiten, habe etwas Befreiendes gehabt: »Sein besonderer *Spirit*. Er bereichert mit seinem lockeren Geist. George war ein Glücksfall für die Choreografen. Für die Kompanie sowieso.«

Bailey spielt also die Patin, und die Patin spielt Schicksal – für Cinderella zumindest. »Sie/er ist in jeder Beziehung eine Ausnahmeerscheinung: afroamerikanisch, ein Mann mit weiblichen Eigenschaften, voller Güte«, schrieb Blavier damals ins Programmheft. »Er hat die Phantasie der Natur, die Originalität der Natur, die Farbigkeit der Natur. Über ihn gibt es immer eine Perspektive, einen Morgen. Die Patin ist die Fee.« Das ist dringend nötig, weil sich Cinderella dem Leben verweigert. Mit dem Tod der Mutter scheint auch ihr Happy End begraben: Im schwarzen Kleid tanzt sie, begierig nach Freude, von Trauer bewegt. Bald am Boden angelangt, schläft sie ein. Blaues Licht verdunkelt die Bühne, Nebel steigt auf, auf dem Bildschirm ein loderndes Feuer. Eine Collage aus verschiedenen *Cinderella*-Kompositionen, Video und Choreografie. Plötzlich die Patin: Silberfarben verpackt als mächtiges Bonbon, tippelt sie herein und umher, wie das Überraschungsei eines Riesen. Vorne baumeln ihre Hände wie Pfötchen herunter, auf dem Kopf Haarcreolen wie die Ohren von Micky Maus. »Ha ha, ha ha hahahahahaaaa«, ihre Stimme rast die Tonleiter hinauf und wieder hinab. »La la«, noch eine Koloratur, dann lässt sie Quietscher, Zischlaute und Lacher los, als käme sie aus einer anderen Welt. Da erwacht sogar Cinderella, freudestrahlend läuft sie hin zu diesem magischen Wesen, fasst es an, als wäre sie nicht nur aus dem Schlaf, sondern zum Leben erwacht. »*It'll do magic, believe it or not!*«, ruft die gute Fee, lacht wieder und überreicht der jun-

Als Patin und gute Fee in Jean Christophe Blaviers Choreografie *Cinderella*, 1996

gen Frau glitzernde Schuhe. Cinderella möchte ihr die Hände und überhaupt die ganze Patin küssen, sie aber streift die Bonbonfolie ab wie einen Kokon, darunter kommt ein figurbetontes, türkisfarbenes Kleid mit Strassbesatz, Schößchen und Stehkragen zum Vorschein, als wäre ein Schmetterling geschlüpft. Zwei Tänzer in kurzen Pluderhosen haken sich bei ihr ein, dann mit der linken Fußspitze: tipp, tipp, tipp, Schritt. Rechts: tipp, tipp, tipp, Schritt, noch ein Tänzchen mit dem einen, eines mit dem anderen, bevor sie schließlich loslegt: »Salagadoola mechicka boola/Bibbidi-bobbidi-boo« – das Lied aus dem Soundtrack des *Cinderella*-Films von Walt Disney. Man nennt es auch den *Magic Song*, doch sein Text ergibt keinen Sinn. Singend läuft die Patin über die Bühne, wiegt die Hüften, elegant, trotz der Pumps, dreht sich, tänzelt und singt weiter. »Das war super, das war genial«, erinnert sich Jean Christophe Blavier.

Der Triumph der Liebe über das Leid: Cinderella kann den bösen Charakteren, Stiefschwestern wie Stiefmutter, verzeihen, weil sie Liebe geben kann. Wer hätte den Charakter der Patin besser verkörpern können als George Bailey? »George gibt grenzenlose Liebe, ständig, eine fluide Liebe«, erklärt Blavier. »Man hat so viel Liebe auf Kredit bei ihm. Sofort und ohne Bedingung. Er hat ein großes Konto, er ist sehr reich, ein Multimillionär.« Nie habe er erlebt, dass George sich gegenüber jemandem bösartig verhalten habe. »Ich habe ihn erlebt, zwanzig Jahre lang, Tag für Tag. Wir waren wie Geschwister, wie eine Familie. Lästern und Späße machen und darüber lachen ist etwas anderes. Das macht er auch gerne.« George habe eine großartige Erziehung genossen, wie ein kleiner Prinz. Das mache ihn ein bisschen aristokratisch. Nicht als Titel, sondern als noble Seele. Und auch Georges Auftreten habe etwas Aristokratisches: »Wenn wir auf Gastspiel waren, hat er sich immer bestens, immer korrekt verhalten. Er hat etwas ganz Edles in sich.« – Nach außen wie nach innen: »Sein innerer George ist sehr fein und sehr streng. Er ist stolz, Künstler zu sein. Er hat einen Stolz wie jeder Mensch, aber sein Stolz ist auch sehr innerlich. Man erkennt jemanden, der schon durch etwas gegangen ist im Leben. Ich glaube, dass es etwas in George gibt, das sehr zerbrechlich, aber auch sehr ernsthaft ist.«

Auch als Jean Christophe Blavier sein modernes Aschenbrödel mit dem *Ballet de Zaragoza* einstudierte, besetzte er die Rolle der Patin mit George Bailey: »Das war sein Gastspiel. Für George war das eine super Zeit, als Künstler auf der Bühne einer fremden Kompanie.« In Zaragoza mieteten sie zusammen mit Blaviers Vater eine große Wohnung: »Das war sehr nett zu dritt. Drei Männer in einer Wohnung.« Und anschließend stand sogar noch ein Gastspiel mit dem *Ballet de Zaragoza* in Italien an. »Ich konnte niemand anderen für diese Rolle besetzen – außer George.«

16.

Als sie 1996 das Theater verließ, nahm Marcia Haydée eine Drehorgel mit nach Römerstein-Zainingen auf der Schwäbischen Alb, eine Autostunde südlich von Stuttgart, wo sie zusammen mit ihrem Mann ein Haus gekauft hatte, am Rande eines Dorfes, geschützt hinter alten Bäumen. Das Theater hatte ihr die Drehorgel, die Marcia Haydée für ihre Version von *Giselle und die Wilis* eigens hatte herstellen lassen, zum Abschied geschenkt. Längst ist das Ballett von der Bühne des Stuttgarter Opernhauses verschwunden, ebenso wie Marcia Haydée.

Schon als Kind horchte sie auf, wenn der besondere Klang der Drehorgel ertönte, und als Marcia Haydée 1989 *Giselle* choreografierte, wusste sie sofort: Eine Drehorgel musste mitspielen – und George Bailey würde die Kurbel drehen. »In *Giselle* hast du eine Hauptrolle mit einer Orgel«, sagte sie zu ihm. »Mit einer Orgel?«, fragte er zurück.

Ein Orgelbauer in Überlingen am Bodensee stellte die Drehorgel her. George Bailey sollte das handgefertigte Stück abholen, mit einem Transportwagen der Staatstheater und dem Kollegen Hans, dessen Nachnamen Bailey nicht mehr weiß, auch nicht, ob er von der Requisitenabteilung war oder zu den Bühnenarbeitern gehörte. Er weiß aber noch, was Hans wusste: Wie man wertvolle Musikinstrumente transportierte, ohne dass ihnen etwas zustieß. Dafür hatte er extra einen großen Reisekoffer mitgebracht.

Zuvor hatten die Experten in Überlingen George Bailey in die Technik der Pfeifenorgel eingewiesen, wie das Luftvolumen

Die Drehorgel aus Marcia Haydées Ballett *Giselle*: Seit 1996 steht sie in ihrem Haus auf der Schwäbischen Alb.

des Blasebalgs für Klangfülle sorgte, wie er Register einsetzen, Lochkarten wechseln und mit der Kurbel Geschwindigkeit und Dynamik seines Spiels verändern und es letztlich stoppen konnte. An Musikalität und Rhythmusgefühl mangelte es ihm jedenfalls nicht. Nachdem der Transportwagen mit der Drehorgel, Hans und ihm in Stuttgart eingetroffen war, ließ er die Orgel in das Büro der Ballettdirektorin transportieren, nahm die Kurbel und spielte. »Wir hatten beide Freudentränen in unseren Augen«, erinnert er sich. Auch Marcia Haydée hat diesen Moment nicht vergessen: »Ich war total baff. Ich habe gesagt: ›George, das ist es! Das ist unsere Orgel!‹«

Bevor sie aber ihren ersten Bühnenauftritt hatte, wurde die *hurdy gurdy*, wie Bailey sie nennt, in den Malersaal des Theaters verfrachtet. Zwar war das hölzerne Gehäuse bereits mit Margeriten bemalt, den Blumen von Giselle, aber Marcia Haydée hatte eine Idee: Anstelle der gelben Blütenstempel könnte man Porträtbilder hineinmalen. »Ich habe gesagt: ›Auf der Orgel muss der Cranko sein und die ganze Kompanie.‹« An prominenter Stelle, vorne in der Mitte, 16 Jahre nach seinem Tod, Crankos Bild. Links davon, an der Ecke: Marcia Haydée.

Die Drehorgel ist bemalt mit Porträts der Kompanie anstelle der Blütenstempel. Oben auf dem Deckel: George Bailey

Oben auf dem Deckel George Bailey, Mark McClain, Birgit Keil, Richard Cragun, die Gesichter eingerahmt von weißen Blütenblättern wie von Strahlenkränzen.

Den Schauplatz des Balletts verlegte Marcia Haydée auf eine namenlose Insel, bevölkert von Handwerkern, Künstlern und geflüchteten Städtern. Markttag: ein Rummel- und Tummelplatz, wo sich Giselle, ein verträumtes Mädchen – nicht ganz im Diesseits, noch nicht im Jenseits –, Albrecht und der eifersüchtige Nebenbuhler Hilarion treffen. Dann läuft George Bailey mit seiner Drehorgel herein, gefolgt von drei Clowns, schiebt munter sein Instrument vor sich her, stoppt, winkt mit beiden Händen den Marktbesuchern und dem Publikum, schiebt weiter, stoppt und winkt, bis er die Bühnenmitte erreicht. »Einerseits sollten wir lustig sein, verlorene Künstler in dieser Welt. Andererseits wissen wir sehr klar Bescheid über das Geschehen zwischen Giselle und Albrecht. Wir waren das dritte Auge in der Geschichte«, erinnert sich Jean Christophe Blavier, der den großen Clown Popoff tanzte. Das Orchester gibt den Auftakt, dann setzt der Drehorgelspieler ein, musiziert, Popoff tanzt und die zwei kleinen Clowns (Mark McClain und Marco Santi) sitzen flankierend rechts und links der Drehorgel. Später spielt Bailey noch einmal die Musik für Popoffs Tanz. Und wenn der Drehorgelspieler nicht spielt, bleibt er dennoch auf der Bühne, mischt sich unter die Marktbesucher und beobachtet, wie sich die Beziehung zwischen Albrecht und Hilarion zuspitzt, bis es zum Duell kommt, bei dem Giselle versehentlich getötet wird.

»Elisabeth Dalton hat ein tolles Kostüm für ihn entworfen. Perfekt für George«, erinnert sich Marcia Haydée. Hemd und Hose aus weißer Seide und auf dem Kopf eine Melone. Als Kind hatte er davon geträumt, einmal ein Clown zu werden, aber nie jemandem davon erzählt. Nun, mit 45, hatte sich sein Traum erfüllt: er als Clown auf der Bühne, und das auch noch mit dem *Stuttgarter Ballett*. Und wenn er es genau betrachtet:

George als Drehorgelspieler mit Jean Christophe Blavier als großer Clown Popoff in *Giselle*

Hatten nicht alle seine Rollen etwas Clowneskes? »George war so glücklich, das war wirklich eine große Rolle für ihn«, erzählt Haydée. »Ich habe zu ihm gesagt: ›Ich verstehe nichts von Drehorgeln. Nur du kannst auf den Sound achten.‹« Mit der Zeit lernte er, die Drehorgel immer besser zu beherrschen und seine Kräfte richtig einzusetzen. Auf keinen Fall durfte er gegen Ende schwächeln, nicht dass der Leierkasten anfing zu leiern, denn er musste noch einmal spielend quer über die Bühne laufen, von einer Seite zur anderen, mit der rechten Hand schieben und mit der linken Hand gegen den eigenen Körper kurbeln, bevor die Requisiteure die Orgel eiligst wegräumten, damit sie nicht im Weg stand.

Am 28. Mai 1989 war die Premiere im *Forum Ludwigsburg*. »George war sehr gut auf der Bühne, er hatte so eine Präsenz«, sagt Marcia Haydée. »Als er reinkam mit der Orgel, hat das Publikum sofort applaudiert.« Nur seine Korrepetitoren-Kollegen zeigten sich von all dem wenig begeistert, denn da Bailey nun in den Proben nicht mehr am Klavier saß, sondern an der Drehorgel stand, musste jemand anderes seinen Dienst übernehmen.

Schon 1987, als Marcia Haydée damit begonnen hatte, *Dornröschen* zu choreografieren, wandte sie sich an George, damals allerdings nicht, um ihn auf die Bühne zu bringen, das Stück gab keine Rolle für ihn her, aber: »Er hat mir sehr geholfen mit der Musik. Wir haben zusammengesessen, haben den ganzen *Score* ausgezählt. Ich habe gesagt: ›Ich will hier eine Variation machen‹, und George hat alles reingeschrieben mit seiner schönen Schrift: ›Hier kommt Ricky von da‹ und so weiter.« Sein scharfes Auge und die Aufmerksamkeit für Details waren ihm schon während seines Grafikstudiums zugute gekommen. »Ich denke, das hat mir meine Mutter ebenfalls beigebracht. Durch ihre akribische musikalische Ausbildung.« George Bailey empfand es als Ehre, mit Marcia Haydée ein Ballett vorzubereiten. Und sie bewahrt den Klavierauszug bis heute auf, in Santiago de Chile, wo sie schon seit vielen Jahren als Ballettdirektorin arbeitet, auch wenn sie in den Theaterferien weiterhin auf die Schwäbische Alb zurückkehrt.

Am Ende des Prologs von *Dornröschen* wird ein schwarzer Seidenvorhang auf die Bühne herabgelassen. Die böse Fee Carabosse hebt ihn an, mal links, mal rechts, und legt auf diese Weise kleine Szenen frei: wie die Jahre vergehen und Prinzessin Aurora heranwächst, von der Fliederfee beschützt, aber von Carabosse unablässig beobachtet. Als Bühnenbildner Jürgen Rose im April 1987 den Vorhang aufhängte, griff Marcia Haydée nach Baileys Hand: »George, komm mit mir in meine Loge. Ich möchte es mit dir anschauen.« Von der Ballettmeisterloge des ersten Ranges aus sahen sie den Vorhang zum ersten Mal, und beide waren so gerührt, dass sie weinen mussten. Und noch heute, nach über dreißig Jahren, treten Bailey Tränen in die Augen, als er davon erzählt: »Es war wunderschön, als dieser Seidenvorhang hing. Das war ein Traum von Marcia – und dass Carabosse ihn bewegt. Ich habe mich gefreut, dass sie diesen Moment mit mir teilen wollte.« Am Ende, kurz vor Auroras 16. Geburtstag, wenn Carabosse den Rosenstrauß mit der Spindel darin hervorzieht, fällt der Vorhang herab, Carabosse rennt hinaus und zieht ihn hinter sich her: »*Magic, just magic*«, sagt Bailey. »Aber bis das alles funktioniert hat! Jedes Mal sitzt man da: Klappt es auch?«

Marcia Haydée arbeitete als Choreografin ganz anders als Glen Tetley, John Neumeier oder Maurice Béjart. »Bei ihr war es mehr improvisiert«, erklärt George Bailey. »Sie war dankbar über jede Hilfe, die sie bekam. Marcia war nicht der Typ: Ich bin ein Genie, ich kann alles.« Sie hatte verantwortungsvolle, gute Leute hinter sich. »Sie wusste, dass sie es nicht alleine machen konnte: Sie war eine Tänzerin. Es war sehr interessant, mit Marcia zu arbeiten, weil sie diesen Tänzerbackground hatte. Also lernte sie mit mir, das war wunderbar, sie war so willig und offen.«

Noch im selben Jahr choreografierte Marcia Haydée *Enas*, einen *Pas de deux* für Birgit Keil und Richard Cragun. Diesmal war George Bailey ihr musikalischer Assistent: Er setzte nicht nur *Dancer counts* aufs Papier, notierte nicht nur Aktionen, er zeichnete auf großen Papierbögen seines Skizzenbuchs Strich-

Proben zu Marcia Haydées *Enas* mit Richard Cragun, Marcia Haydée (Mitte) und Birgit Keil, 1987

männchen, die die Choreografie veranschaulichten. »Das war ein Haufen Arbeit«, aber dennoch freute er sich, dass er es war, dem Marcia Haydée so vertraute. »Ich wollte mit George arbeiten. Klar, weil ich die Direktorin war, habe ich ein bisschen aufgepasst, dass ich ihn nicht gegenüber anderen bevorzugte. Aber die wussten, dass ich George liebe.«

Marcia Haydée sei für ihn wie eine »zweite Mutter« gewesen, sagt George Bailey, und in seiner Stimme klingt Bewunderung mit und Liebe für seine Chefin von einst. »Sie passte auf mich auf. Sie hatte ihren schützenden Arm um mich. Sie war wundervoll, verständnisvoll, immer ein bisschen mit brasilianischem Temperament. Sie liebte meine Musik und mich als Charakter, der *good feelings* in den Ballettsaal brachte.«

Nach Crankos Tod, als er noch neu war in der Kompanie, sei sie es gewesen, die ihm zu mehr Selbstvertrauen verholfen habe. Marcia Haydée hatte ihn gebeten, für sie und Richard Cragun bei einer Probe einen *Pas de deux* aus Tschaikowskys *Schwanensee* zu spielen: »Sie haben an mich geglaubt. Sie haben gesagt: ›George, das machst du! Spiel einfach, George, spiel!‹« Es klappte, er war sehr erleichtert, er hatte es geschafft, den *Pas de deux* durchzuspielen. »Von da an hatte ich Vertrauen in mich selbst.«

Als Marcia Haydée der Kompanie 1995 ankündigte, dass sie als Primaballerina und Ballettdirektorin aufhören würde, schrieb George Bailey in sein Tagebuch: »Das ist eine weltbewegende Entwicklung für das *Stuttgarter Ballett.* Hoffentlich werden wir diese Phase durchstehen.« Und weiter: »Sie hat einen reizenden neuen jungen Mann, es ist an der Zeit, dass sie ein wenig Privatleben genießt. Sie hat ihr Leben dem Theater und der Ballettkompanie gewidmet. Arbeit ist nicht alles. Genau! Auf Marcia! Ich liebe dich von ganzem Herzen.«

Marcia Haydée wiederum ist froh, dass sie vor George Bailey gegangen ist. Sie hätte keinen Tag ohne ihn am Theater arbeiten wollen. 2015, zwei Jahre, nachdem George Bailey in Rente gegangen war, kam sie aus Santiago de Chile nach Stuttgart, um mit der Kompanie *Dornröschen* einzustudieren. Da traf sie ihn zufällig in einem italienischen Restaurant in der Nähe des Theaters und gestand ihm: »George, wenn ich im Ballettsaal bin, vor allem mit *Dornröschen*, habe ich immer meine Aufschriebe von dir dabei, wo jeder Schritt drinsteht. Aber als ich nach Stuttgart zurückgekommen bin, um es wiederaufzunehmen, hat im Ballettsaal eine Person gefehlt: Und das bist du. Das

Mit Marcia Haydée im Ballettsaal am Tonbandgerät

ist wahr. *Dornröschen* ist nicht das gleiche ohne dich.« Rückblickend sagt sie: »An George schätze ich am meisten seine Fähigkeit, zu verstehen, wie es mir ging, jeden Tag.« Die Trennung von ihrem langjährigen Lebenspartner Richard Cragun sei ein ganz schwieriger Moment in ihrem Leben gewesen, erzählt sie: »George hat sofort alles verstanden – und er war immer da. Jeden Tag hat er gesagt: ›Marcia, bist du okay?‹ Für ihn ist das sehr wichtig, der Kontakt mit einem anderen Menschen.«

Und auch Startänzer Richard Cragun wusste, was er Bailey verdankte. Als er bei einem Interview im Treffpunkt Rotebühlplatz einmal gefragt wurde: »Wie war das im Ballettsaal jeden Tag? Wie sind Sie durch Ihre Karriere gekommen?«, erwiderte er: »Das kam durch ihn« – und zeigte auf George Bailey, der im Publikum saß. »Seine Musik war meine Rettung im Ballettsaal«, und weiter: »George, steh mal auf!« Ein Kompliment, das Bailey noch heute so rührt, dass seine Stimme bricht, während er spricht.

Wenn die Adventszeit begann, blieb das im Ballettsaal nicht unbemerkt. Schon im November fing George Bailey an, im Training sein Repertoire umzustellen. »George wusste, dass ich fanatisch bin mit Weihnachten«, erklärt Marcia Haydée. Sie wünschte sich von ihrem Pianisten nur noch Weihnachtsmusik, nichts als Weihnachtsmusik. Der Kompanie wurde das manchmal zu viel, aber die Ballettdirektorin wollte davon nichts hören: »Nein, nein, nein. Bei mir ist Weihnachten heilig.« Und George Bailey sagte: »Das macht die Marcia glücklich.« Als sich Ballettmeister Alan Beale beschwerte, dass George Bailey im Training Weihnachtslieder spiele, konterte Marcia Haydée: »Das steht in seinem Vertrag, dass er im November und Dezember Weihnachtslieder spielen muss. Punkt.«

George Bailey könnte das ganze Jahr über Weihnachtsmusik hören. Für ihn ist das die schönste Zeit des Jahres. Früher überraschte er als Nikolaus verkleidet die Mädchen und Jungs der John-Cranko-Schule, darunter auch Mark McClain, als er 1973 von New York nach Stuttgart kam und das erste Weihnachten ohne seine Familie verbringen musste. George sei so guter Dinge gewesen, hätte mit ihnen gelacht und Späße gemacht. An Weihnachten lud Marcia Haydée gerne Tänzerinnen und Tänzer zu sich nach Hause ein und legte für sie Geschenke unter den Baum. George Bailey erinnert sich, dass einmal ein kleiner Junge dabei war, der nach einem Geschenk für sich suchte, aber keines fand, weil er nicht erwartet worden war. Es war Friedemann Vogel, der mit seinem Bruder Roland gekommen war, zwölf Jahre älter als er und Tänzer, später Erster Solist des *Stuttgarter Balletts*. George Bailey tat das damals leid und Jahre später sprach er den Jungen darauf an. »Ach, das macht doch nichts, ich war froh, dabei zu sein«, habe er geantwortet. Heute sagt Friedemann Vogel dazu: »Dass ich um einen Weihnachtsbaum herumgelaufen bin, erinnere ich eigentlich nicht.« Was er aber noch weiß, ist, dass er mit seinem Bruder auf einigen Festen der Kompanie war. »Und wie nett alle zu mir waren! Wenn ich nun zurückblicke, welche Stars und tollen Persönlichkeiten damals dabei waren!« Und an George Bailey erinnert er sich natürlich: »Wenn du George einmal siehst, vergisst du ihn nicht. So ein warmherziger Mensch!«

17.

In einem italienischen Restaurant in Stuttgart. Ein entspannter Abend. Feine Pasta, guter Wein, im Hintergrund nicht zu laute Musik, weiße Tischdecken, Stoffservietten und ein zuvorkommender Gastgeber. George Bailey und Albrecht Mayer waren »schön essen«, wie man das sagt, wenn alles gestimmt hat und man mit einem Wohlgefühl nach Hause geht. Ihr Weg führt sie von der Geschwister-Scholl-Straße über die Königstraße zur Theaterpassage – wo sie ein Nachschlag trifft, den sie bis heute, drei Jahre danach, nicht verdaut haben. Am Eingang der Passage ein Polizeiwagen, daneben vier Polizistinnen und Polizisten, einer hält einen Hund an der Leine. Stumm sitzt er da, während sich die Beamten unterhalten und Albrecht Mayer und George Bailey vorbeilaufen. Was dann passiert, beschreibt Mayer so: »Plötzlich schlug der Hund an, sprang an George hoch, die Pfoten auf Georges Schultern, die Schnauze an seinem Hals, zum Glück hatte der Hund einen Maulkorb auf.« Alle drei erschrecken, der Polizist genauso wie das Paar. Bailey versucht, den Hund wegzustoßen, bis der Polizist ihn zurückzieht.

Für George Bailey und Albrecht Mayer gibt es nur eine Erklärung: Der Hund war trainiert auf farbige Menschen. Alles andere ergebe keinen Sinn. »Es war eine völlig friedliche Szene«, erzählt Mayer. »Wir liefen als normale Passanten vorbei. Die Polizisten wollten nichts von uns. Und wir nichts von den Polizisten. Aber der Hund sprang.« Was die Beiden besonders betroffen macht: Keiner der Polizisten habe sich entschuldigt, keiner habe überhaupt ein Wort gesagt. »Wenn so etwas passiert, noch dazu mit einem staatlich trainierten Hund, da muss schon einer was sagen. Das war absolut unkorrekt«, empört sich Albrecht Mayer. Er hätte sie gerne zur Rede gestellt, aber Bailey hat ihn zurückgehalten: »Al, *let's walk home*! Mach' jetzt bitte keine Szene! Es ist zum Glück nichts Schlimmes passiert.« Auf dem Heimweg versuchte George weiter, seinen Mann zu beruhigen: »Ich habe gesagt: ›Es gibt drei Dinge, die gegen mich sprechen: Ich bin Amerikaner. Ich bin Farbiger. Ich bin Gay.‹«

Was ihm seine Mutter in seiner Kindheit gesagt hatte: »George, es wird kein Tag vergehen, an dem du nicht an deine Hautfarbe erinnert wirst«, erschien im Licht dieser Szene wie ein Omen. Sie hatte aber zum Glück nicht uneingeschränkt recht behalten, sagt Bailey. Es gab einen Ort, an dem Hautfarbe und Herkunft keine Rolle spielten. »Schon zu Crankos Zeiten bestand das *Stuttgarter Ballett* aus sehr vielen Nationen«, erklärt Vladimir Klos, der in Prag geboren wurde. Auf seiner letzten Tournee in die USA, im Mai und Juni 1973, hatte Ballettdirektor John Cranko selbst noch ein Vortanzen organisiert, um neue Tänzerinnen und Tänzer für die Kompanie zu finden, und sich dabei für Nora Kimball und Christopher Boatwright entschieden, beide mit dunkler Hautfarbe. Nach seinem Tod kamen sie zum *Stuttgarter Ballett*. Mark McClain meint, dass es damals in Stuttgart wohl mehr farbige Tänzer gab als in manchen US-amerikanischen Kompanien: »Das hatte hier nichts mit Schwarz und Weiß zu tun, das hatte damit zu tun, wie man getanzt hat.« – Es war egal, aus welchem Teil der Welt jemand kam, sie fanden sich zusammen zu einer internationalen Gemeinschaft, mehr noch, zu einer Familie, und ihre neue Heimat war das *Stuttgarter Ballett*. Die Tänzerinnen und Tänzer kommen heute aus über 25 Nationen. Darum geht es aber nicht; es geht darum, gemeinsam besondere Kunst zu schaffen, es geht um Kreativität, Hingabe, Disziplin, Respekt – dann passieren manchmal auch Ballettwunder.

Die Hautfarbe der Tänzer war an deutschen Theatern kein Thema, sagt Marcia Haydée. In den USA allerdings sehr wohl. Bei einem Gastspiel 1979 in New York und Washington mit *Romeo und Julia* hatte sie die Rolle des Romeo mit Christopher Boatwright besetzt: »Als in Washington der Vorhang aufgegangen ist, die Zuschauer gesehen haben, dass der Romeo schwarz ist, sind viele weggelaufen.« Und als das Ensemble nach der Vorstellung in einem Restaurant etwas essen wollte, »wollten sie Christopher Boatwright nicht reinlassen. Dann habe ich gesagt: ›Okay, wir gehen alle wieder.‹ Das war in Washington. In New York war es weniger.« Bei Tourneen nach Japan und China habe es dagegen wegen der Hautfarbe nie Probleme gegeben.

Reid Anderson war damals in den USA dabei: »Stellen Sie sich das mal vor! Ein schwarzer Romeo und eine weiße Julia – in Washington DC. Aber Marcia hat gesagt: ›Wir machen das.‹ John Cranko hätte das auch gemacht, mit Genuss, wenn er 1969 einen schwarzen Romeo gehabt hätte. In Amerika, das ist schlimm. Ich weiß nicht, ob es wegzukriegen ist.« Und nach einer kurzen Pause fügt er hinzu: »Es ist nicht wegzukriegen, das ist die Mentalität.« George Bailey sieht das ähnlich: »Die Rassenprobleme in den USA waren schon immer sehr präsent, sowohl in der Vergangenheit als auch in der Gegenwart. Sie werden nie verschwinden, denn das ist Amerika. Die Sklaverei gehört nicht der Vergangenheit an, sie hat eine neue Form angenommen, eine neue Vertuschung.« Als Vladimir Klos George Bailey einmal zufällig auf einem Flug nach Miami traf, sagte dieser einen Satz, der Klos einen Stich ins Herz versetzte und den er auch jetzt, nach Jahrzehnten, nicht vergessen hat: Er lebe gerne in Europa und sei dort sehr glücklich, habe Bailey gesagt, »aber sobald das Flugzeug amerikanischen Boden berührt, fühle ich mich schwarz. – Ja, das ist Amerika.«

Er selbst ist jedoch so behütet aufgewachsen, dass er nur selten rassistische Anfeindungen zu spüren bekam: »Wir wussten nichts von *segregated* Restaurants, Trinkhallen oder Toiletten. Wir waren glücklich.« Und später, als Erwachsener, habe er zwar nicht der amerikanischen Realität ausweichen können, aber wenigstens den Personen, die es darauf abgesehen hätten, ihn zu diskriminieren. »Was für einen Verlust für diese armen Rassisten, dass sie diesen charmanten Mann nie kennenlernen werden«, meint Richard Gilmore, früher Tänzer, dann Physiotherapeut beim *Stuttgarter Ballett*.

Bis heute blinkt der Rat seiner Mutter in unangenehmen Situationen in George Baileys Kopf auf wie eine Fassadenwerbung in der Nacht: »Begib dich nicht hinab auf ihr Niveau!« Zurückschimpfen wäre zu einfach und entspräche nicht seinem Stil. »Wenn jemand versucht, dich schmutzig zu machen, atme tief durch, gehe einen Schritt zurück. Sei stolz auf deine Geschichte, auf deine Bildung. Das kann dir niemand wegnehmen.«

Als Bailey einmal seinen Freund Oral Moses in den USA besuchte, fuhren sie zusammen nach South Carolina, in Moses' Heimatstaat, und besuchten dort ein Herrenhaus im viktorianischen Stil, gebaut im 19. Jahrhundert für einen wohlhabenden Geschäftsmann. Eine weiße Frau führte die beiden Afroamerikaner durch das Privatmuseum. In einem Flur standen zwei Ming-Vasen. »Entschuldigen Sie, sind das echte Ming-Vasen?«, fragte George Bailey. – »Ihre Augen quollen über«, erzählt er und streicht sich dabei mit der rechten Hand über den linken Unterarm. Ihr Gesichtsausdruck sei das Spiegelbild ihrer Gedanken gewesen: Was weiß der schon über chinesisches Porzellan und Ming-Vasen! – »Ja, das sind welche«, antwortete sie. Als Bailey kurz darauf noch eine Frage zu Tiffany-Glas stellte, verriet ihr Gesichtsausdruck erneut, was sie dachte: Wie kann es sein, dass ein Schwarzer so etwas weiß? Im Salon stand ein Klavier und sie erklärte, es habe ein Konzert gegeben mit einem Pianisten. Moses reagierte prompt: »Er ist auch Konzertpianist.« Die Frau habe nach Luft geschnappt und nach Entschuldigungen gesucht, warum Bailey nicht darauf spielen, noch nicht einmal eine Taste anschlagen dürfe. Einen honorigen Auftritt schenkte er sich dann selbst: Der Pianist bedankte sich überaus freundlich für die schöne Tour und überreichte ihr dabei mit großer Geste seine Visitenkarte. Sie habe die Augen aufgerissen: Deutschland? *Stuttgarter Ballett*? Während George Bailey sich daran erinnert, lächelt er fein: »Es gibt immer Momente, in denen du es zurückgeben kannst. In einer sehr eleganten, nicht groben, primitiven Art. Ich stand über ihr, ich habe mich nicht auf ihr Niveau begeben.«

Im Stuttgarter Alltag, außerhalb der kosmopolitischen Staatstheater, begegnet George Bailey gelegentlich unterschwelliger, subtiler Rassismus, von Menschen bewusst gepflegt oder unbewusst gelebt, verursacht von der »Ignoranz der weniger Glücklichen«, wie er es nennt. Seit über 40 Jahren ist der elegant und extravagant gekleidete US-Amerikaner Kunde eines großen Modegeschäfts, eine Platin-Kundenkarte steckt in seinem Portemonnaie. Doch erst allmählich wird er von einzelnen Verkäufern erkannt und gefragt: »Kann ich Ihnen helfen?« Viele Jahre lang war das anders. Da stöberte er als Phantom in Regalen, auf Tischen, an Kleiderständern, für das Personal blieb er unsichtbar: kein Lächeln, kein »Guten Tag«, kein »Kann ich Ihnen helfen?« Einmal wollte er neue Bettwäsche kaufen. Als er auf die Verkäuferin zugegangen sei, habe sie ihm nur günstige, herabgesetzte Ware anbieten wollen und ihn dann ungläubig angeschaut, als er auf die Bettwäsche gezeigt habe, die ihn interessierte. Seine Platin-Card habe sie vollends irritiert. Sie habe sich erst fassen müssen, um ihn freundlich zu begrüßen: »Oh, Herr Bailey!« Aber nie würde er diese Leute spüren lassen, dass er durchaus wahrnimmt, dass seine Hautfarbe für sie offenbar ein Problem darstellt: »Das ist ihr Problem, nicht meines.« Lieber beschämt er diese Menschen mit einem Lächeln, mit Höflichkeit, mit Souveränität und Esprit. »Tritt nicht aufs Gaspedal, wenn du anhalten möchtest«, das ist seine Devise. »Sage nichts, was du vielleicht später bereuen wirst und nicht mehr zurücknehmen kannst.« – »Öffne nie deinen Mund, bevor du deinen Geist ordentlich in Gang gesetzt hast« – wobei es durchaus vorkommen konnte, dass Afroamerikaner seine Sprache, seine Manieren als überheblich empfanden und ihm vorwarfen, weiße Menschen zu imitieren. »Sie sagten oft: ›Sprich mal anders oder sei einfach still!‹ Sie haben nicht verstanden, dass es nicht so cool ist, wie sie sprechen: *Fucking this, fucking that*. Das gab es in meiner Familie nicht – und auch nicht bei Purnell Steen und Oral Moses.«

Es gebe in den USA immer noch Farbige, die sich selbst als Unterdrückte ausgrenzten, erklärt George Bailey. Bei einer Benefizgala auf der Insel Mainau zum Abschluss einer Nobelpreisträgertagung in Lindau habe er einmal als Pianist einen Tenor aus New York begleitet, jung, begabt, schwarz. Bailey im eigenen, der Sänger im geliehenen Smoking. Zwei elegante Männer in Abendgarderobe, eine feine Gesellschaft. Doch nachdem sie ihren Auftritt beendet hätten und von der Bühne in den Saal gelaufen seien, habe sich der Sänger umgeschaut, um dann zu Bailey zu sagen: »*We're the only niggers in here.*« Bailey war geschockt, sprachlos, aber er habe dem anderen durch Blicke zu verstehen gegeben: »Wenn du dich für einen Nigger hältst, ich nicht.« Noch heute, nach zwanzig Jahren, schmerzt es ihn, davon zu erzählen.

In all den Jahren in Deutschland gab es also auch verletzende Momente, vor allem zu Beginn, als er noch dabei war, nach seinem Platz in der Gesellschaft zu suchen. Nach einer Aufführung des Musicals *Show Boat* im Mannheimer Nationaltheater am 6. Februar 1972 – er hatte den Militärdienst hinter sich und arbeitete in der Mannheimer Boutique – schrieb er in sein Tagebuch: »Ich bin der einzige Schwarze im gesamten Publikum von etwa 400 bis 500 Zuschauern, die den schwarz geschminkten Deutschen zusehen. Es war, gelinde gesagt, ein bisschen unangenehm.« Das Musical spielt in Chicago und am Ufer des Mississippi und dreht sich um eine weiße Künstlertruppe und schwarze Hafenarbeiter. Dabei sei er der Einzige mit echtem Afro-Look gewesen: »Sie tänzeln mit Stöcken im Hintern herum. Die ultimative Erniedrigung für mich. Mississippis vorzüglichste Black-Germans. Ich bin schwarz, aber Gott sei Dank nicht aus Mississippi. Warum bin ich verbittert? Ich kann es nicht verstehen. In den Staaten war ich zu gut geschützt, um Bitterkeit zu empfinden.«

Für Albrecht Mayer ist die Szene, die sich vor drei Jahren an der Stuttgarter Theaterpassage abgespielt hat, dass Polizisten es ohne Scham und Bedauern hinnehmen, wenn ihr Hund einen Passanten angreift, ein Fall für die *Black lives matter*-Bewegung. Reid Anderson meint, etwas habe sich verändert. Vor 40 bis 50 Jahren hätten farbige Menschen in Stuttgart keinerlei Probleme gehabt: »Es waren wenige und sie sind gerne aufgenommen worden.« Damals gehörte auch John Alleyne zur Kompanie: »Ein super Tänzer, schwarz, wirklich schwarz.« Nachdem Reid Anderson 1996 als Ballettdirektor nach Stuttgart zurückgekehrt war, lud er John Alleyne ein, um ein neues Ballett zu kreieren. »Da hat John gesagt: ›Es ist nicht auszuhalten! Ich kann nicht durch den Park laufen, ohne dass ich aufgehalten werde: ›Pass zeigen!‹ Und wie, in welchem Ton!‹ Er hat sich komplett zurückgezogen. Er konnte es einfach nicht mehr ertragen. Das ist schrecklich.«

George Bailey zieht es vor, solche Momente auszublenden. »Es ist selten passiert in meinem Leben. Ich bin sehr dankbar. Ich hatte so viele gute Zeiten, daran möchte ich mich erinnern.« Trotzdem bleibt etwas davon im Hinterkopf immer präsent. George Bailey muss an Marcia Haydées *Dornröschen* denken: Trotz Happy End ist Carabosse nicht verschwunden, läuft über die Bühne, lauert in der Ferne, beobachtet neidisch die beiden Liebenden. Das Böse bleibt, aber das stärkste Gegenmittel ist die Liebe. »Ich glaube«, schrieb Marcia Haydée zu ihrem Ballett, »die einzige Möglichkeit, gegen eine Carabosse, gegen eine negative Situation, anzugehen, ist, mit positiver Kraft dagegen zu arbeiten. Das ist in unserer heutigen Zeit vielleicht ein bisschen vergessen worden. Es sollte uns immer gegenwärtig sein – Carabosse stirbt nie!«

Bailey ist glücklich mit seinen Freunden, seiner Musik, seiner Karriere. Er sieht das Gute, nicht das Schlechte. »Ich bin sehr glücklich und es ist schwierig, mich unglücklich zu machen.« Friedemann Vogel sagt: »Wenn wir mehr Georges auf der Welt hätten, wäre die Welt um einiges besser.«

Er sei halt ein *Sunnyboy*, sagt Albrecht Mayer. George sei ja auch eine beeindruckende Erscheinung, weil er oft »eine Nummer besser« angezogen sei als der Rest der Bevölkerung: »Aber nicht total überspannt, so dass seine Kleidung Aggressionen wecken würde. Darum sind die Leute eher ein bisschen vorsichtig, bevor sie was Dummes sagen.«

18.

Erstmal hinauf in die dritte Etage, an einem Mittwochmorgen in einem Mehrfamilienhaus in der Stuttgarter Innenstadt. Was dort geboten wird, ist allerdings nicht alltäglich. Es beginnt schon damit, dass vor der Wohnungstür George Bailey wartet, im beigefarbenen Anzug, mit orangefarbener Fliege und Strohhut auf dem Kopf, und sein »Hello« leicht und einladend durchs Treppenhaus hallt. Links geht es in seine Wohnung, gegenüber liegt das Appartement von Albrecht Mayer. Jeder hat sein eigenes Reich, mit Abstand kann man länger zusammenbleiben, meint Bailey. Er braucht auch Zeit für sich allein, aber 2022 können sie auf 50 gemeinsame Jahre zurückblicken.

Wer durch Baileys Flur läuft, macht eine Reise in die Vergangenheit: Da hängen Fotos von Aunt Hattie und den Großeltern, von George Bailey im weißen Frack und mit Zylinder als Zeremonienmeister des Opernballs, als Gräfin de Ségur, als gute Fee. Zusammen mit Marcia Haydée im Ballettsaal, daneben ein Porträt von John Neumeier – Rahmen an Rahmen. Wie in einem Kunstkabinett verdichtet sich seine Biografie auf wenigen Quadratmetern. Im Wohnzimmer geht es weiter: Fotos von seiner Mutter und Onkel George als Kinder, von den Großeltern, als sie noch unfassbar jung waren, Ölbilder, gemalt von Big Mama, die einst im großelterlichen Haus hingen. Davor der Flügel von Big Daddy, der nach dessen Tod von Denver nach Stuttgart gezogen ist.

»So stell' ich mir eine Künstlerwohnung vor«, hat Birgit Keil einige Wochen zuvor gesagt, als sie und ihr Mann Vladimir Klos

George Bailey im »Glücksanzug« in seinem Wohnzimmer

George Bailey zum ersten Mal in der Moserstraße besuchten. Für ihn war es, als kämen *The King and The Queen*. Und kaum waren sie da, bemerkte Birgit Keil: »George, du siehst wieder aus wie aus dem Modejournal.« Da hatte er einen Zweiteiler an, Bermuda und Hemd im japanisch anmutenden Landschaftslook, mit Zweigen, die sich über den Körper strecken. Jetzt trägt er diesen hellen Anzug und eine besondere Fliege. Der Anzug ist sein Glücksanzug: Wenn George Bailey nach New York reist, nimmt er ihn mit wie ein Maskottchen, denn wenn er im *Big Apple* ist, will er sich immer ein Musical ansehen, das ist seine Leidenschaft. Zwar sagen seine Bekannten jedes Mal: »George, das kannst du vergessen, das ist längst ausverkauft.« Dann erwidert er: »Wenn ich meinen Glücksanzug trage, kriege ich auch ein Ticket.« Als hätte er damit magische Kräfte. Aber es klappt. Jedes Mal.

Seine Fliege hat ebenfalls eine Geschichte: Er hat sie in Mailand gekauft, wo er extra hingeflogen war, um dabei zu sein, als Ivan Cavallari, damals Erster Solist des *Stuttgarter Balletts*, seine Premiere als Onegin am *Teatro della Scala* tanzte. »Ich saß in der Loge, gemeinsam mit Ivans Mama. Wir waren so stolz.« Auf dem Rückflug plauderten die beiden Kollegen über die schöne Zeit in Mailand. Das hat Cavallari immer geschätzt an George Bailey, dass er dankbar ist für jeden glücklichen Moment, den er teilen kann: »Sein überschwängliches Glück ist seine wertvollste Eigenschaft.«

An den Füßen trägt George Bailey am liebsten rote Schuhe, sein Markenzeichen, weil sie Glück bringen, rot wie die Liebe und die Leidenschaft – und wie Weihnachten, das er ja auch liebt. Zu seinem 70. Geburtstag hatte er jeden Gast gebeten, wenigstens ein rotes Kleidungsstück zu tragen. Für die private Modenschau hat er alle seine roten Schuhe, es sind rund ein Dutzend, auf dem Boden aufgestellt wie in einem Schuhladen. In die erste Reihe die roten Slipper von einer Frau Sapper. Sie lebt längst nicht mehr, aber die Schuhe sind noch unterwegs: »Wenn sie jetzt von oben runterschaut, wird sie denken: Oh, guck mal, der hat noch meine Schuhe, die ich ihm geschenkt habe.«

Neben den roten stehen Schuhe, wie sie Jazzmusiker und Stepptänzer schon in den 20er Jahren trugen, mit geschwungenen Flügelkappen und Lochverzierung, in verschiedenen Farben. Bei seinen Performances steppt George Bailey zwischendurch gerne ums Klavier. Seinen größten Auftritt als Stepptänzer hatte er aber im Musical *On Your Toes* des *Stuttgarter Balletts*. Einmal schickte ihm ein Bekannter eine Postkarte aus Paris mit Louis Armstrong, der die gleichen Schuhe trug wie er selbst sie hatte: sein erstes handgemachtes Paar aus Siena, weiches, braunes Leder. Unglaublich fand er das. Auf dem Foto trug der Jazzmusiker außerdem Knickerbocker und eine Ballonmütze. Da kam Bailey die Idee für ein neues Outfit: Nach Armstrongs Vorbild ließ er sich in der Maßschneiderei des Theaters Knickerbocker und die passende Mütze nähen – und spazierte dann abends manchmal in diesem Look zur Vorstellung.

Sein roter Smoking, den er 2018 zum Abschied von Ballettintendant Reid Anderson getragen hat, ist das Geschenk eines Freundes aus Prag. Er arbeitete in einer Boutique, sah das exklusive Stück, und dachte: Den muss George haben! Er hat ihn George geschickt, einfach so. Dazu zieht Bailey allerdings keine roten Schuhe an, sondern weiße, weil die Rottöne nicht zusammenpassen würden. Sechs Smokings, *tuxedos*, wie der Amerikaner sagt, hat Bailey in seinem Kleiderschrank: drei schwarze, zwei weiße und den roten. Er braucht sie auf der Bühne, bei seinen Konzerten. Er ist ja ein Performer.

Bailey öffnet eine Schutzhülle, zieht den Reißverschluss herunter. Ratsch: Ein weißer Anzug kommt zum Vorschein. Den hat er vor einigen Jahren für die Hochzeit der damaligen Ersten Solisten Marijn Rademaker und Evan McKie gekauft. Darunter trug er eine schwarze Weste, »die den Bauch verdeckt«, ein weißes Hemd, dazu schwarze Schuhe und eine Fliege mit Musiknoten. »Es war in Holland, die schönste Hochzeit, die Albrecht und ich jemals erlebt haben von einem Gay-Paar. Für die Familien war das so normal, eine tolle Atmosphäre.«

»Achtung, Weihnachten!« Bailey lacht und zieht die nächste Hülle weg. Ratsch: ein roter Anzug mit grünen Tannenbäumen, weißen Rentieren, Schlitten und Schneeflocken. Bei seinem Weihnachtskonzert im *Wilhelma-Theater* hat er ihn schon getragen. Ratsch: ein schwarzer Samtanzug aus München, »elegant, elegant«, dazu ein weißes Hemd, »klassisch«, rote Fliege und rote Schuhe: So ist er beim Jubiläum *10 Jahre George's Christmas Party* im Weißen Saal des Neuen Schlosses aufgetreten, als er mit seiner Mutter vierhändig Klavier gespielt hat. Ratsch, noch ein Reißverschluss geht auf: ein rotes Samtsakko, fast knielang, es hing bei einem Schneider in Dresden im Schaufenster, ein Einzelstück. Ein Schauspieler hatte es sich maßschneidern lassen, aber dann kein Geld mehr gehabt, um es abzuholen. Bailey hat es abgeholt. Und es hat gepasst. Ratsch: ein rostfarbenes Sakko aus Dubai, »fantastische Farbe«, die im Licht schimmert.

Schon in seiner Kindheit träumte George Bailey von einem schönen Cape. So ein Umhang hat etwas Royales, findet er, wie ein edler Prinz auf seinem Schloss. Marcia Haydée sieht das weniger märchenhaft: »Oh, du magst Capes. Du bist ein Vampir.« Bailey geht ins Schlafzimmer und bringt ein dunkelgraues Cape mit, gefüttert mit bordeauxrotem Stoff. Was für ein Gewicht! Das Cape muss schwer sein, weil es sonst wegwehen würde, wenn man reitet. Nicht, dass Bailey ein Pferd hätte, aber neben Majestäten tragen eben auch Toreros diese Umhänge. Vier Capes hängen in Baileys Schrank, alle aus einem Spezialgeschäft in Madrid. Die Verkäuferin habe gesagt, ein Cape könne nicht jeder tragen, viele wirkten darin verloren. Dazu brauche man nicht nur die richtige Statur, sondern auch Stolz und Haltung.

»Er hat ja eine Eleganz, das ist unwahrscheinlich.« Georgette Tsinguirides ist beeindruckt. Und Birgit Keil nicht weniger: »Von Anfang an fiel seine modische, stilvolle, nicht unauffällige Kleidung auf. Das ist ja fast eine Inszenierung. Er ist so kreativ und gepflegt. Ich glaube, Georgie ist durch und durch ein gepflegter Mensch. Das gehört auch zu dieser Seele. Moral, Verantwortung, Kreativität, das ist einmalig. Wenn er mit seiner Ausstrahlung und seinem Aussehen irgendwo auftaucht. Ihn sieht jeder. Und ihn kennt jeder.« Und Vladimir Klos fügt hinzu: »George hat Geschmack und eine feine Empfindung für Design. Und er ist sehr sensibel, was Schönheit angeht. Das ist etwas, das ihn auszeichnet.«

Birgit Keil und Vladimir Klos zu Besuch bei George Bailey

George Bailey hat seinen eigenen Stil gefunden, er hatte es nicht nötig, Trends zu folgen. Eigentlich wollte er ja Modedesigner werden. Klar wäre es »himmlisch«, seine eigene Boutique zu haben, seine eigenen Kreationen, seine eigenen Capes zu verkaufen. Aber irgendwann musste er diesen Traum loslassen, weil man eben nicht alles auf einmal tun kann. Doch ohne Träume wäre das Leben sehr traurig und unkreativ, findet er: »Es ist ein Punkt, um dich zu inspirieren, etwas anderes zu tun. Das ist wie beim Kochen, wenn eine Zutat fehlt, tust du etwas anderes in dein Gericht.« Er ist seinen Weg gegangen, hatte seine »wunderbare Karriere« beim *Stuttgarter Ballett* und nebenbei noch seine Auftritte als Pianist und Entertainer. Nun hat er zwar keine eigene Kollektion entworfen, aber zumindest zusammengestellt. Und seine Konzerte bieten ihm eine Bühne, um seinen besonderen Stil zu präsentieren. »Wie ich mich anziehe, ist auch eine Kunst.«

Als kostbare Erinnerung bewahrt er noch heute einen Strickpullover auf, beige mit Reißverschluss. Sein eigenes Design, darauf ist er stolz. Als seine Eltern an Weihnachten einmal fragten, was er sich wünsche, hat er diesen Strickpullover entworfen, ihnen das Papier gegeben und gesagt: »Bitte machen lassen!« Und seine Eltern gingen tatsächlich zur *Colorado Knitting Firm* und gaben den Pullover ihres Sohnes in Auftrag. Sein einziger verwirklichter Entwurf aus der Jugend.

Auf Tourneen des *Stuttgarter Balletts* und auf Privatreisen stöbert er gerne in der Modewelt unterschiedlicher Kulturen. Und sein Fundus zeigt, dass es nicht beim Stöbern bleibt: eine Seidenhose und ein Brokathemd aus Singapur, ein Kaftan und ein bodenlanges weißes Hemd aus Ägypten, ein Junker aus der Schweiz, ein schottischer Quilt und ein Patchwork-Quilt aus Österreich. Oral Moses hat ihm eine traditionelle Tracht aus Ghana und eine weitere aus Kamerun mitgebracht, und mit Issey Menakis Kreationen – er ist Baileys Lieblingsdesigner – hat der Pianist sich eingedeckt, wenn die Kompanie nach Japan reiste, um sie bei seinen Weihnachtskonzerten zu tragen: jedes Jahr ein neues Outfit für *George's Christmas Party*. Wenn das *Stuttgarter Ballett* in Paris gastierte, vergnügte sich George Bailey in seiner Freizeit mit Shopping und Leute gucken: »Die Pariser und Pariserinnen kleiden sich, um angeschaut zu werden.« Was jedoch nicht bedeuten solle, dass sie sich ausschließlich für andere kleideten und nicht für sich selbst: »Durch ihre Kleidung spricht jede Persönlichkeit für sich selbst – laut und deutlich. Jede Nuance, Farbe, Textur, Stil ist ein entschiedenes Statement. Das ist das beste Beispiel für französisches Flair.«

Baileys Lieblingsoutfit im Ballettstudio war ein Jumpsuit oder seine Oshkosh-Latzhose, wie sie Big Daddy trug, wenn er daheim musizierte oder im Garten arbeitete. Ansonsten ist es vor allem seine Mutter, der er seine Liebe zu schöner Kleidung verdankt: Sie hat ihm beigebracht, wie sich hochwertiger Stoff anfühlt, wie ein perfekter Schnitt aussieht. Und wenn er auf Reisen ging, vergaß er sie nie: Auf Fotos posiert sie fröhlich und stolz in einem edlen Pullover aus Hongkong oder einem Seidenkleid aus Florenz.

»Warst du einkaufen?«, fragt Albrecht Mayer manchmal, worauf George Bailey zurückfragt: »Ja, willst du eine *fashion show*?« Dann besucht er seinen Partner im Appartement gegenüber, um ihm die Einkäufe vorzuführen. Dabei kann es passieren, dass Albrecht Mayer etwas so gut gefällt, dass er es selbst anprobieren und haben möchte, wie kürzlich eine Weste. Aber genauso kann es passieren, dass ihm etwas nicht gefällt. Ein gestricktes Jäckchen kommentierte sein Partner mit: »Da siehst du aus wie ein alter Mann.« Bailey brachte das Jäckchen sofort zurück, ein neues mit nach Hause und – eine Weste für Al.

Albrecht Mayer hat die Garderobe von George Bailey Stück für Stück vervollständigt. Das muss man wissen. Sämtliche roten Schuhe, außer jene von Frau Sapper, hat er ihm geschenkt. Und die passenden Hüte dazu. Georges Partner geht in den Laden, probiert Schuhe und Hüte an, und wenn er sicher ist, dass alles passt, sagt er: »Und jetzt hätte ich das gerne eine Nummer größer.« Das funktioniert immer.

37 Hutschachteln stapeln sich in Baileys Wohnung, auf seinem Kleiderschrank und in Regalen; damit er nicht den Überblick verliert, hat er sie alle nummeriert. Darin befinden sich auch drei Melonen, je eine in Blau, Rot und Schwarz. »Es ist eine Sünde, dass jemand so viele Sachen hat«, sagt George Bai-

ley über seine Schätze. Von manchen Dingen könnte er sich ruhig trennen, findet Mayer: »Wenn du Sachen loslässt, erleichtert es dich.« Aber für Bailey ist es einfacher, negative Gedanken loszulassen. Es gibt eben Dinge, die man fürs Leben kauft, so wie ein Cape oder einen Quilt.

Mit seinen zeitlosen Extravaganzen zieht George Bailey unablässig Blicke auf sich. So, als ob er sagen würde: »Schaut ruhig her, das bin ich, das ist es, was mich ausmacht!« Nicht die Hautfarbe. Er hat selbst entschieden, anders zu sein.

19.

Big Daddy hielt es nicht auf der Bühne. Wenn Georges Großvater auftrat, stieg er hinab zum Publikum, spielte Geige, sang und lächelte. Seinen Fans nahe zu sein, bereitete ihm besonderes Vergnügen. Er liebte seine Musik. Er liebte Menschen. Seinem Enkel brachte er früh bei: Wenn Gott dich mit einem Talent gesegnet hat, musst du es mit anderen teilen, egal wo und mit wem. Jedenfalls darfst du es nicht für dich behalten.

Daran hat George Bailey sich orientiert: Wenn irgendwo ein Klavier steht, ob auf Gastspielreisen mit dem *Stuttgarter Ballett* oder bei Festen: George Bailey setzt sich daran und spielt. Und hat er nicht im Training des *Stuttgarter Balletts* täglich sein Talent, seine Liebe zur Musik und zu den Menschen mit anderen geteilt?

Er solle doch mal ins *Pianino* kommen, ermunterte ihn 1985 Joe Kukula, der als Schlagzeuger neben Bassist Chris Brinkschmidt und Egon Fleischer selbst zum *Egon Fleischer Trio* gehörte. Dienstagabends traten die drei Musiker in dem Stuttgarter Jazzclub auf. George Bailey kam, hörte zu, war begeistert, aber zu schüchtern, um sich Egon Fleischer vorzustellen. Der Jazzpianist, 1926 geboren, hatte an der *Folkwangschule* in Essen, heute die *Folkwang Universität der Künste*, Musik, Geige und Klavier studiert. Nach dem Zweiten Weltkrieg hatte er als Barpianist in amerikanischen Clubs gespielt, 1950 das *Egon Fleischer Sextett* gegründet und ab 1960 war er als freier Pianist durch die Clubs getingelt. »Er konnte jede Melodie in jeder Tonart spielen«, schwärmt George Bailey.

Zweiter Besuch im *Pianino*: Bailey hält sich nicht mehr zurück und spricht Egon Fleischer an. »Bist du Musiker?«, fragt Fleischer. – »Ja, ich spiele Klavier. Ich bin Korrepetitor beim *Stuttgarter Ballett*.« – »Das heißt: Du kannst gut spielen. Spielst du auch Popular?« – »Ja.« – »Spiel mal was!« Bailey spielt und singt *My Honeybunch* – »Du kannst auch singen! Du musst mehr singen.«

Das war's. Zunächst einmal. Bis sich George Bailey wenige Jahre später ins Haus der Wirtschaft begibt, ins *Logo-Bistro*, zu Alexander und Conchita Laub, wo Egon Fleischer mit seinem Trio auftritt. Bailey setzt sich ins Publikum, Fleischer sieht ihn, winkt ihm zu, ruft: »Sing doch mal!«

Fortan zog George Bailey jeden Dienstag nach Feierabend vom Opernhaus zum Haus der Wirtschaft. Fleischer, lange graue Haare, Zigarette in der Hand, Bier auf dem Flügel, hatte alle Jazzstandards parat. Mit ihm als Mentor wurde George Bailey zum singenden Entertainer. Und nach Fleischers Tod 2006 hat Bailey das Trio übernommen. Nicht wöchentlich, aber jeden ersten Dienstag im Monat treten sie seither im *Logo-Bistro* auf – als *Bailey and Friends*: Thomas Schmitz an der Bassgitarre, Jimmi Love am Schlagzeug und Bailey am Klavier. Wenn nicht die Gaststätten wegen der Pandemie geschlossen sind.

Schon 1986 hatte Klaus von Maur, langjähriger Vorsitzender des *Clubs Privileg*, für seinen alljährlichen vorweihnachtlichen *Stuttgarter Gala-Abend* zugunsten des *Vereins zur Förderung junger Künstler* einen Pianisten gesucht und bei Balletadministratorin Ingrid Bruy angefragt. Sie musste nicht lange überlegen, ihr fiel sofort George Bailey ein. Zunächst spielte er im Foyer, empfing und verabschiedete die Gäste mit Weihnachtsliedern: *White Christmas*, *Silent Night*, *Have Yourself a Merry Little Christmas*, *Winterwonderland* – und damit es nicht zu viel amerikanische Tradition wurde, dazwischen auch mal ein *Oh Tannenbaum*. Bald aber war George Bailey so beliebt, dass er auf die Bühne des Weißen Saals vorgelassen wurde. Nun durfte er dort die Leichtigkeit und Lebensfreude verbreiten, die er täglich im Ballettsaal teilte, er packte amerikanische Evergreens aus, von Gershwin bis Porter, und spielte Traditionals wie *Blue Moon, Unforgettable, As Time Goes By*, das funktionierte immer, mit seinem weichen Tastenanschlag, den seine Mutter ihm beigebracht hatte. Und eines Tages lud er Oral Moses dazu ein, seinen Freund aus dem *7th Army Soldiers Chorus*, der inzwischen als Professor für Gesang und Musikgeschichte an der *Kennesaw State University* in Marietta, Georgia, arbeitete. Seine Stimmlage habe sich seit der Militärzeit entscheidend verändert, meint Bailey, vom Ersten Tenor zum tiefsten Bass-Bariton, den man sich überhaupt vorstellen könne.

1993 taufte der *Club Privileg* den *Stuttgarter Gala-Abend* schließlich in *George's Christmas Party* um. Die Veranstalter hätten sich keine bessere Marketingstrategie ausdenken können: Bailey strahlt genau das aus, wonach sich viele Menschen zur Weihnachtszeit sehnen: Freude und Frieden, Liebe, Harmonie und Hoffnung. Was nie fehlte in Baileys Programm: *What a Wonderful World*. Louis Armstrong hatte den Song 1967 aufgenommen, während Rassenunruhen Amerika erschütterten und in Vietnam der Krieg tobte. In diese vergiftete Atmosphäre hinein platzierte Armstrong sein Lied von der wunderbaren Welt. Was wie Hohn klang, war Armstrongs Aufruf, den Blick für die Schönheit nicht zu verlieren und an Wunder zu glauben. Nicht anders blickt George Bailey auf die Welt.

Für Oral Moses bedeuteten die Weihnachtspartys: raus aus dem Hörsaal, rein in Theater und Konzertsäle! Damit konnte er seinen Studierenden von echten Bühnenerfahrungen als Sänger berichten. »Die Möglichkeit, aufzutreten, ist von unschätzbarem Wert«, sagt er. »Ich tue es weiterhin, weil ich ein Künstler bin, der seine Musik mit der Welt teilen möchte.« Moses' Forschungsgebiet war der Einfluss des Spirituals des 19. Jahrhunderts auf den Gospel des 20. Jahrhunderts. Und was er in den USA erforschte, bringt er mit George Bailey in Stuttgart unter die Leute, seit Jahrzehnten. Bevor er Moses kennengelernt hat, spielte Bailey nur selten Spirituals. Moses möchte die Schönheit vermitteln, die in den Negro Spirituals steckt, und den tiefen Ausdruck der Melodie. In jedem einzelnen Lied stecke diese »fesselnde Schönheit und ergreifende Botschaft«. Und das müsse das Publikum unbedingt miterleben.

Für Sklaven waren die Spirituals eine starke Quelle des Glaubens, weil sie vom Kampf um Freiheit und Anerkennung erzählen und davon, dass es Hoffnung gibt. Zwangsläufig hätten sie eine politische Konnotation bekommen, wie Moses erklärt. Mit manchen Spirituals verständigten sich die Sklaven untereinander, sandten sich geheime Botschaften zu, beispielsweise, dass der Fluchtweg frei und jetzt die Zeit sei, sich davonzustehlen: »Steal away, steal away. Steal away to Jesus«. *Wade in the Water* entstand als Lied der *Underground Railroad*, eines 1780 gegründeten Fluchthilfenetzwerks, um flüchtende Sklaven aufzufordern, durchs Wasser zu waten, damit die Suchhunde der Sklavenhalter ihre Fährte verlören. Moses hat es schon oft in Stuttgart gesungen.

Von Moses hat Bailey auch gelernt, ›modernen‹ Gospel zu spielen, der viel rhythmischer und verwandt ist mit anderen Genres afroamerikanischer Musik wie etwa Rhythm and Blues. »Das habe ich vorher so nicht gekannt«, sagt Bailey. »Ich habe alles ganz brav gespielt.« Als er dann aber bei seinem Arrangement von *Amen* kraftvoll und stark akzentuiert die Tasten drückte, war er selbst begeistert, wie das Publikum sich mitreißen ließ. Und wenn er Spirituals sang, wie *This Little Light of Mine*, forderte Moses ihn dazu auf, sie auch zu spüren: »*George, put some soul in there!*«, was Moses selbst perfekt beherrscht. Wenn Oral Moses seine Spirituals singt, ist George Bailey ergriffen: »Das kommt von seiner Seele, aus seinem tiefsten Inneren.« Jederzeit nachhören lässt sich das auf einer CD mit afroamerikanischen Kompositionen, die Bailey 2001 zusammen mit Moses produziert hat, ein Longseller.

In all den Jahren blieb ein Lied nie aus: *Ol' Man River.* Aber erst, wenn es aufs Finale zuging, erzählten die beiden vom Mississippi, Bailey auf dem Klavier, Moses mit der ganzen Klangfülle seines Bass-Baritons. Es folgten *Standing Ovations*, jedes Mal. Aber trotz des starken Glaubens, der beide Künstler geprägt hat, mussten sich die Gäste nie in einem Gottesdienst wähnen. Bailey und Moses interessieren sich nicht dafür, ob und was jemand glaubt, dafür haben sie zu viel Respekt vor den Menschen und ihren unterschiedlichen Einstellungen. Aber daran erinnern, dass Weihnachten ursprünglich ein religiöses Fest ist, das wollten sie schon. Diesen Part übernahm fast jedes Jahr Dietz-Werner Steck, der Tatort-Kommissar Bienzle, indem er aus der Weihnachtsgeschichte vorlas.

Doch *George's Christmas Party* war nicht nur ernsthaft und feierlich. Das konnte man schon an Bailey selbst sehen, der manchmal ein Rentiergeweih oder einen Tannenbaum aus Stoff auf dem Kopf trug. Ein bisschen schrill sollte sie sein, auf jeden Fall fröhlich, locker und lustig, befreiend und erfrischend. Das Publikum sollte sich amüsieren. Die Leute hätten doch genug Traurigkeit in ihrem Alltag, meint er. Warum sollten sie für teure Eintrittskarten bezahlen, um auch auf der Bühne traurige Dinge zu sehen?

Nachdem mit George Bailey als musikalischem Gastgeber Glanz und Glamour auf der Bühne des Neuen Schlosses eingezogen waren, verwandelte sich der Konzertabend in eine internationale Weihnachtsshow: Neben Moses lud Bailey abwechselnd berühmte Sängerinnen wie Helene Schneiderman, Almeta Speaks oder Tichina Vaughn und befreundete Musiker wie Randy Diamond, David Moore, Thomas Schmitz, David Whitley, Nazley Young oder Jimmi Love mit seiner *Harlem Praise Family* ein. Einmal ließen Moses und Bailey eigens die zeitgenössische amerikanische Gospelsängerin Babbie Mason einfliegen. »Sie ist eine gute Freundin von Moses und in den USA ein Weltstar«, sagt Bailey. Auch bei den Tänzerinnen und

Zur Weihnachtszeit: David Whitley, Oral Moses und George Bailey (von links)

Tänzern des *Stuttgarter Balletts* fragte er an, und es waren nicht Wenige, die mitmachten, einige choreografierten extra Stücke für *George's Party*: Mark McClain etwa war als einer der Ersten regelmäßig dabei. Damals noch ein junger Tänzer, der gerade begonnen hatte zu choreografieren. So konnte er sich außerhalb der Staatstheater ausprobieren. Ein bisschen eng zwar war ihr Experimentierfeld im Weißen Saal, aber sie kriegten das hin. »Wir hatten so viele Ideen. Alle haben irgendwie mitgemischt, so war das früher.« Marks Bruder Michael war dabei, Roland Vogel, Sonia Santiago, Thomas Lempertz, später Marijn Rademaker und Demis Volpi. Sie hatten wenig Zeit, wussten aber alle genau, was sie zu tun hatten. »Am Tag vor der Vorstellung haben wir das erste Mal zusammen geprobt«, erinnert sich Mark McClain. »Okay, das kommt hier hin, das kommt dort hin. Das lassen wir ganz weg. Vielleicht brauchen wir hier was Neues.«

So sei das gegangen. Immer ein bisschen Stress, aber es klappte, die Atmosphäre war entspannt, das Publikum begeistert. »Das Stuttgarter Publikum ist ein sehr loyales Publikum.« Sogar als Mark McClain bereits Ballettdirektor in Coburg war, kam er einige Male mit einem kleinen Ensemble nach Stuttgart zur Weihnachtsparty, manchmal brachte er seine Mutter mit, die über Weihnachten aus New York zu Besuch gekommen war.

George Baileys Mutter war oft dabei, auch sie auf Weihnachtsbesuch. Und sogar auf der Bühne. Das Highlight war 1997, zum Jubiläum: »25 Jahre George Bailey in Stuttgart«. Sie spielten Bach, vierhändig an zwei Flügeln, er mit seiner Mutter und Lehrerin. Ihr letzter Auftritt im Schloss war am Sonntag, 16. Dezember 2001, da war sie 83 Jahre alt.

»Wenn ihr auf der Bühne steht, nehmt eure Vorfahren mit und was ihr von ihnen gelernt habt«, das lehrte Moses seine Studenten. Das sei absolut richtig, meint George Bailey. Es passiere automatisch, zumindest bei ihm. Bei jedem Auftritt denkt er an die Bühnenpräsenz seiner Mutter: »Sie strahlte Stolz aus, aber nicht die Nase hoch, sondern in der Weise: Ich bin hier und werde euch unterhalten.« Und wenn sie jemanden am Klavier begleitete, war ihre Devise: »Ich bin da, aber im Hintergrund. Sie sind die Solisten, sie sollen die Aufmerksamkeit kriegen.« »Das war ein *big thing*, was ich von meiner Mutter gelernt habe«, sagt Bailey. »Man stiehlt ihnen nicht die Show. Die Sänger sind im Mittelpunkt.« Auch auf »eine saubere Haltung« am Klavier legte seine Mutter Wert: die Handgelenke eher zu hoch als zu tief, die Arme ruhig. Professor Hubert Giesen, bei dem er in Stuttgart Klavierunterricht nahm, wollte ihm dagegen die Drop-Technik nahebringen: »Hubert wollte, dass die Bewegung im ganzen Oberkörper ist. Nicht so statisch, mehr Theater. Aber ich fand das manchmal ein bisschen übertrieben. Ich bin mehr der ruhige Typ.«

Manchmal spielte Bailey auch Stücke seines Großvaters: *Valse Caprice*, *If I Could Be Your Friend* oder *Won't You Tell Me that You Love Me* mit dem Text seines Großvaters und der Melodie seiner Großmutter. Zu diesem Stück hat Mark McClain eine Choreografie kreiert, getanzt von Thomas Lempertz, Silke Steinbarth und Dominique Charlier: »Mit Stepptanz und Charleston: Die Leute waren hin und weg«, erzählt Bailey. Dann sang er wieder das Lied, das er in Heidelberg für den Soldatenchor komponiert hatte: *Friendship through Music.* Bevor schließlich die Truthähne auf die Tische kamen, gab es eine Pause, in der Hefezopf gereicht wurde. Währenddessen verkleidete sich George Bailey als Santa Clause: rotes Kostüm, weiße Haare, weißer Rauschebart, um dann unter dem Programmpunkt »Surprise« rot-weiß geringelte Zuckerstangen, *candy cans*, zu verteilen, extra eingeflogen aus den USA, eingekauft und geschickt von Baileys Cousine Trudi. – Es war nicht nur Kunst, es war auch Völkerverständigung, was Bailey im Neuen Schloss zelebrierte, die deutsch-amerikanische Freundschaft.

Zur 17. *Christmas Party* am 16. Dezember 1994 schrieb Startänzer Richard Cragun als Schirmherr: »Es war 1972 in der Weihnachtszeit, wenn ich mich recht erinnere, als das *Stuttgarter Ballett* selbst ein ganz außergewöhnliches Geschenk bekam. Es hieß George Bailey, und ich nenne ihn deshalb ein Geschenk, weil wir sofort erkannten, dass George tatsächlich eine einzigartige Persönlichkeit hat. Immer lächelnd, immer guter Laune, schien George ständig mit einer Sache beschäftigt zu sein: zu schenken. Zu schenken durch seine Musik als unser *Company*-Pianist, zu schenken durch sein Klavierspiel und seine Lieder auf *Company*-Partys. Und wenn er nicht spielte, spürte man im Theater seine Wärme, positive Ausstrahlung. Man könnte sagen, dass George den Sinn von Weihnachten verkörpert, jedoch mit einem wichtigen Unterschied – er verbreitet seine Botschaft der Liebe und Güte das ganze Jahr hindurch. Sie werden auch erleben, dass er genau das tut, was er in einem alten Spiritual singt: *This little light of mine … I'm goin' let it shine.*«

Immer wieder übernahmen Prominente aus Politik und Wirtschaft die Schirmherrschaft für Georges Weihnachtspartys. 1997 war der ehemalige baden-württembergische Ministerpräsident Lothar Späth vorgesehen, der allerdings kurzfristig absagen musste, weil er an jenem Abend im Berliner *Hotel Adlon* die Fernsehsendung *Späth am Abend* live moderieren sollte: »Denn viel lieber wäre ich jetzt bei Ihnen in Stuttgart, stünde vor Ihren Gästen, um ihnen zu sagen, wie gut es für Stuttgart, aber auch darüber hinaus, ist, daß es einen George Morrison Bailey gibt (...), der durch seine Menschlichkeit Brücken baut, nicht nur zwischen Amerika und Deutschland, Alt und Jung, zwischen verschiedenen Kulturen, sondern überall dort, wo er auftaucht, wo die Menschen seine Wärme erfahren dürfen und er uns immer wieder aufs Neue bereichert.«

Nun trat George Bailey also doch in die Fußstapfen seines Großvaters, als Live-Entertainer, der sich mit seiner unverwechselbaren Performance in der Stuttgarter Musikszene einen Namen machte. Bei unzähligen Veranstaltungen des *Clubs Privileg* war er als Pianist dabei, ob *Martini-Konzert*, *Deutsch-Türkisches Festival*, *The British Festival*, *Festival of Korea*, *Russische Romanzen*, *Gottfrieds Airport Party* oder *Festa Italiana*. Er spielte ehrenamtlich bei der *Aids-Hilfe*, beim *Förderverein Kobra*, bei der *Beratungsstelle für sexualisierte Gewalt an Kindern*, seit Jahren schon begleitet er musikalisch die Preisverleihung des *Amsel Förderkreises Ursula Späth*. Bailey spielte bei einem Neujahrsempfang der Landesvertretung Baden-Württemberg in Brüssel und bei einer Muttertags-Matinée mit dem Titel *Georges Salon* im Fruchtkasten des Württembergischen Landesmuseums am Schillerplatz – inmitten der historischen Instrumente ließ er Brahms und Bach, Gershwin und Porter, Previn, Mozart und Morrison, Debussy und Delibes erklingen. Als im Jahr 2013 die letzte *George's Christmas Party* im Weißen Saal des Neuen Schlosses endete, füllte Bailey längst schon das *Wilhelma-Theater* in Stuttgart: 2003 war er dort zum ersten Mal aufgetreten, zusammen mit Oral Moses: mit Lyricals, Classicals, Spirituals. Seither verkleidet er sich in der Pause nicht mehr als Weihnachtsmann, sondern ist als steppender Clown unterwegs, mit blauen Haaren und roter Nase, der kleine Stoffherzen ins Publikum wirft und seinen Baton um den Körper wirbeln lässt. Bei all seinen Auftritten ist Albrecht Mayer sein Manager. »Er hat so viel Geduld mit mir«, betont Bailey. »Albrecht hat gesagt, ich muss langsam reden und deutlich sprechen.« Mit diesen Worten begrüßte er 2019 sein Publikum im *Wilhelma-Theater*.

Bei privaten Veranstaltungen ist er genauso gefragt: Auf der Hochzeit von Alicia Amatriain und Alexander Mc Gowan, einem Solisten des *Stuttgarter Balletts*, hat George Bailey die Gäste unterhalten: »Wir haben nur eine kleine Hochzeit gemacht. Aber George und Albrecht gehörten dazu.« Alicia liebte es, wenn er im Training *Somewhere over the Rainbow* spielte, und als sie schwanger war, hat sie eine Spieluhr mit diesem Lied entdeckt: »Meine Tochter hat das immer gehört, seit sie im Bauch war.« Bei der *Baby Shower*, einer Babyparty in amerikanischer Tradition, hat Bailey ihren Lieblingssong live gespielt.

Dabei musste es nicht immer geplant sein, manchmal kam es bei privaten Festen auch zu einer spontanen Performance. Mit Egon Madsen zum Beispiel. Da konnte ein Blick genügen, damit sie loslegten: Komm, jetzt machen wir was! Madsen hatte Klamotten dabei, zog sich um, tupfte sich Puder oder Mehl ins Gesicht. Dann improvisierten sie: Bailey am Klavier, Madsen tanzte, sie sangen und machten Blödsinn. »Das war immer sehr heiter und kam gut an«, erinnert sich Madsen. »Da sprechen einen die Leute noch heute drauf an.«

In den Hotels, die das *Stuttgarter Ballett* auf Tourneen bezog, stand oft in der Lounge ein Klavier. »Wenn alle ein bisschen muffig waren, hat George was gespielt, dann waren sie wieder lustig und fidel. Das machten die anderen Korrepetitoren nicht«, erinnert sich Ingrid Bruy. Bei einem der Gastspiele hat Jean Christophe Blavier ein Video gedreht. Er weiß nicht

Nachwuchs in der Ballettfamilie: George Bailey mit Haizea, Tochter von Alicia Amatriain und Alexander Mc Gowan, 2020

mehr: War es in Argentinien? War es in Chile? Jedenfalls war es ein Botschaftsempfang für das *Stuttgarter Ballett.* »Wir haben ein Petit Four gegessen, ein bisschen Small Talk mit dem Botschafter gemacht. Und George hat sich ans Piano gesetzt und gespielt.« Zum Tod von Richard Cragun 2012 hat Blavier ein kleines Memoriam gestaltet und es auf *YouTube* gestellt, auch mit diesem Video: Da sieht man ihn, George Bailey, am Klavier, wie er spielt und *Amen* singt, hinter ihm Richard Cragun, der zusammen mit anderen den Refrain schmettert. Nach dem Schlussakkord küsst Cragun Bailey auf den Kopf, drückt ihn fest. »Bravo, Georgie!«, ruft eine Frauenstimme. »George hat der Kompanie immer einen Extra-Moment geschaffen«, erklärt Blavier. »Nicht weil er spielen musste, sondern weil es einer Stimmung diente, es Liebe und Harmonie brachte. Das ist George. *Great support!*«

Als es noch Opernbälle gab, stand Bailey auch auf der Bühne. 1978 machte ihn Marcia Haydée zum Zeremonienmeister, Bailey im Frack von Reid Anderson, auf dem Kopf den Zylinder von Richard Cragun. Und als Anderson für die Opernbälle Revuen kreierte, jedes Jahr üppiger, mit noch mehr Pailletten und Federn, half ihm George Bailey, weil er aus dem Showmilieu kam, wie Anderson sagt: »Das war in unserer Freizeit. George gibt und er gibt und er gibt und ist so dankbar für das, was er kriegt. Das ist magisch.« Dass George seine Arbeit 41 Jahre lang »auf einem so hohen menschlichen Niveau« gemacht habe, sei beeindruckend. »Seine Liebe war konstant und echt. Immer echt.« Das *Stuttgarter Ballett* hat George Bailey eine Plattform geboten, und er hat sie genutzt. Anderson sagt: »Durch seine Persönlichkeit ist George selbstständig ein Star geworden.«

20.

Wenn George Bailey in seiner Geburtsstadt Denver am Flughafen ankommt, nimmt er ein Taxi zum *Dazzle Jazz Club*, 1512 Curtis Street, Denver Downtown, wo Purnell Steen mit seiner Band *Le Jazz Machine* den Sound aufleben lässt, den man hier jahrzehntelang hören konnte: von den 1920er bis in die 50er Jahre – allerdings nicht im *Dazzle Club* selbst, sondern in der Nachbarschaft: Folgt man der Curtis Street weiter nach Nordosten, kommt man in die *Five Points*, das ›Harlem des Westens‹. Diese überwiegend afroamerikanische Community, aus- und abgegrenzt, wie sie war, hatte sich in der ersten Hälfte des 20. Jahrhunderts neben St. Louis und St. Francisco zum musikalischen Hotspot entwickelt: »Glühendheißer Jazz und grenzenlose Lebensfreude«, schwärmt Purnell Steen. Über 50 Bars und Clubs gab es damals in *Five Points* rund um die Welton Street. Zu den großen Zeiten kamen sie alle, um in der Lounge des *Rossonian Hotels* zu spielen: Jazzlegenden wie Duke Ellington, Nat King Cole, Ella Fitzgerald, Count Basie, Billie Holiday, Charlie Burrell, Steens Cousin – und natürlich George Morrison, Baileys Großvater. »Sie haben Geschichte geschrieben«, sagt George Bailey und dabei ist die Bewunderung für seinen Big Daddy nicht zu überhören.

Als in den späten 50er und 60er Jahren in Denver schließlich die Rassentrennung im Hinblick auf Hotels und Wohnorte aufgehoben wurde, durften schwarze Entertainer auch in Hotels außerhalb der *Five Points* übernachten. Fortan tauchte nicht mehr jeder berühmte afroamerikanische Musiker, der in

Denver Station machte, im *Rossonian* auf. Zudem war es der schwarzen Mittelschicht nun erlaubt, in andere Viertel und in die Vororte zu ziehen. Viele Familien begriffen das als Chance und verließen ihr Zuhause. Das Quartier verlor an Bedeutung, Unternehmen kämpften um ihre Existenz, unzählige Geschäfte und Clubs mussten schließen. George Bailey war in seiner Jugend nie bei irgendwelchen Sessions in den *Five Points*. Das Viertel war nicht mehr angesagt. Mittlerweile aber erlebt es ein Revival: 2002 wurden die *Five Points* wegen ihrer afroamerikanischen Geschichte und ihres musikalischen Erbes als kulturhistorisch bedeutendes Viertel ausgewiesen, und jedes Jahr feiert das lebendige und kreative Quartier nun mit einem *Five Points Jazz Festival* entlang der Welton Street seine Jazzgeschichte.

Georges Kindheitsfreund Purnell Steen, der wieder in Denver lebt, hat ihn in diese Vergangenheit gelotst, die einmal die musikalische Heimat seines Großvaters war. Wenn George Bailey seither im *Dazzle Jazz Club* auftaucht, performen sie gemeinsam: George singt, Purnell spielt Klavier. Oder George am Klavier, begleitet vom Quintett *Le Jazz Machine*. »Herzerwärmend« findet er das, mit Purnell im Club aufzutreten. Aber der Gedanke an die tief verwurzelten Jazz-Fans macht ihn jedes Mal aufs Neue nervös: »Für mich ist es aufregend, aber auch furchtbar nervenaufreibend.« Immerhin gehört sein Großvater zu den »Meilensteinen« in der Geschichte des Jazz in Denver. »Das sind sehr große Fußstapfen, denen ich dann folge.« Aber: »Ich bin zu meinen wahren Wurzeln zurückgekehrt. Wenn man in einer musikalischen Familie aufgewachsen ist, ist es nicht leicht, seine Wurzeln aufzugeben«, obwohl ja ausgerechnet sein Großvater ihm einst davon abgeraten hatte, Musiker zu werden.

In der Nähe der *Five Points*, am Martin Luther Boulevard, ist sogar ein Park nach George Morrison benannt: »Denver's Godfather of Jazz« steht auf einem Schild am Eingang. »Großvaters Lebensstil war der eines stolzen, schwarzen Mannes. Er nutzte sein Talent, um seiner Familie etwas zu bieten.« Aber was ihm noch verwehrt geblieben war, gelang zwanzig, dreißig Jahre später Charles Burrell, der als erster Afroamerikaner einem großen amerikanischen Sinfonieorchester angehörte. Sein Cousin Purnell Steen sagt: »Charlie brach die Barrieren in der klassischen Musik.« Am 4. Oktober 2020 feierte Burrell seinen 100. Geburtstag. Er ist der letzte lebende Musiker, der im *Rossonian* auftrat. Als Bassist begleitete er Ella Fitzgerald, Nat King Cole und Billie Holiday, »eine lebende Legende«, wie Burrell sie einmal nannte. Wenn George Bailey über sie spricht, fällt ihm sofort ihr Song *Strange Fruit* ein, ›merkwürdige Früchte‹, die an den Bäumen der Südstaaten hingen. Nichts anderes als schwarze Körper, die Lynchmorden zum Opfer gefallen waren. »Schrecklich«, das macht ihn betroffen. »*Thank you, thank you, dear Lord*«, dass er so etwas nie erleben musste. Aber daran denken, das muss er schon.

Neben André Previn, Mel Tormé, Oscar Peterson gehören Nat King Cole und Ella Fitzgerald zu Baileys Idolen. Einmal sind seine Mutter und er Ella Fitzgerald sogar in Beverly Hills begegnet, wo sie wohnte und mit ihrem Pudel gerade auf dem Weg in eine Bäckerei war: »Danke für Ihre wundervolle Musik«, sagte Bailey und dass sie große Fans von ihr seien. »Sie war bescheiden, sehr nett, und sie freute sich, dass wir sie erkannt hatten. Das war wunderbar.«

Und doch war es Big Daddy, gleich nach seiner Mutter, der ihn am stärksten beeinflusst hat; beide mit ihrem musikalischen Talent, mit ihrer starken Persönlichkeit und mit ihrer großen Gabe zu lieben. »Sie kamen durch alle Höhen und Tiefen des Lebens dank ihrer liebenden Stärke und ihrem Glauben an Gott.« Und sie glaubten an George. »Durch ihr *loving teaching* hat sich mein Leben um die Liebe herum entwickelt.«

Das sei auch der Grund dafür, dass er keinen Blues singen könne: George Bailey ist zu glücklich. Blues-Texte erzählen von Not und Leid, von Unterdrückung und Verzweiflung. Und er? So privilegiert, wie er aufgewachsen sei: »Ich habe fast alles auf einem Silbertablett serviert bekommen. Wie kann ich den Blues singen?« Das erinnert ihn an ein Konzert, ein Open Air im Sommer 2020, des Tenors der Stuttgarter Staatsoper Matthias Klink, der als Gitarrist mit seiner Band *JABB* aufgetreten sei: *Just Another Blues Band*. »Sie spielten Blues und Arrangements über *blood, sweat and tears*. Sie haben vor allem Musik von uns gespielt.« Für George Bailey hat sich das merkwürdig angefühlt: er im Publikum als einziger Farbiger und auf der Bühne lauter weiße Musiker. »Das war für mich ein Anachronismus. Zuerst war ich ein bisschen skeptisch: Deutsche Musiker spielen den Blues. Die haben keine Ahnung, wie sich Blues anfühlt, das ist ein Teil der Negro Spirituals. Der Blues ist ein Teil unserer Seele.« Wie sollten sie sich dieses Gefühl erschließen, wenn sie im reichen Deutschland aufgewachsen waren? In einem ersten Impuls habe er den Musikern zurufen wollen: »Seht ihr, woher ich komme?« Doch dann hätten sie ihn doch überrascht: »Sie haben das wunderbar gemacht, aus vollem Herzen.«

Es gebe sogar Menschen, erzählt Bailey, die eifersüchtig würden, wenn sie merkten, dass er glücklicher sei als sie. Oder dass er mehr Licht in der Dunkelheit sehe. Aber es liege doch an jedem selbst, meint er. Jeder sei für sein eigenes Licht zuständig – und für das Licht, in dem er die Dinge sehe. Ja, er ist glücklich, aber man soll das bitte nicht gegen ihn verwenden. »Ich versuche immer, mein Leben und meine Erfahrungen mit anderen zu teilen.« Wenn George Bailey in ein Taxi steigt, fragt er jedes Mal: »Wie geht es Ihnen?« Manche Taxifahrer reagieren erschrocken, zumindest misstrauisch. Womöglich der Auftakt zu einem Überfall? Sie kennen George Bailey ja nicht, aber wenn sie ihn dann kennen, wissen sie, dass es der Auftakt ist zu einem herzlichen Gespräch. Miteinander reden heiße doch zu teilen. Und er liebt es, die guten Dinge zu teilen.

Wenn George Bailey in den Theaterferien in die USA flog, um seine Mutter in Denver und anschließend seinen Vater in Dallas zu besuchen, nutzte er einen Zwischenstopp in New

York, um dort Freunde zu besuchen. Einmal, in den 70er Jahren, lud ihn bei dieser Gelegenheit ein Bekannter in den Jazzclub *The Cookery* in Manhattans Viertel Greenwich Village ein, wo die Blues- und Jazzsängerin Alberta Hunter auf die Bühne trat, damals schon eine ältere Frau, klein, geflochtenes Haar, mit Täschchen in der Hand. Wie sie da herauskam, erinnerte sie George Bailey so sehr an seine Großmutter, dass ihm die Tränen kamen. Alberta Hunter stellte ihr Täschchen auf dem Flügel ab und fing an zu spielen und zu singen: *Wrap your Troubles in Dreams.* »Wickel deine Sorgen in Träume ein und träume alle deine Sorgen fort« – ein Lied, das George Bailey heute noch tief berührt. Er hat den Songtext in Schönschrift schwarz auf weiß geschrieben und bewahrt ihn in seinem Klavierhocker auf. Alberta Hunter hatte sich damals sehr gefreut über das junge Publikum: »Ihr seid vielleicht weg von daheim, in New York zu Besuch oder zum Studium«, hatte sie gesagt. »Aber denkt daran: Eure Eltern würden sich freuen, wenn ihr eine Postkarte nehmt und darauf schreibt: *Thinking about you.* Nur das. Mehr muss es nicht sein.« Seit diesem Abend schreibt George Bailey auf jede Postkarte zuerst den Satz: *Thinking about you.*

Bei seinem Vater in Dallas wiederholte sich jedes Jahr ein Ritual zwischen Vater und Sohn: Sie gingen immer in denselben *Music Store*, wo James Thomas Bailey sich auf einen Stuhl setzte und einschlief, während George herumstöberte und alles herauszog, was ihn interessierte: stapelweise Klavierauszüge von Musicals, Popular Songs, klassische Partituren, Ballettmusik verschiedener Korrepetitoren. Nirgendwo in Stuttgart hätte er damals diese Auswahl gehabt, in den 70er und 80er Jahren. Wenn sich die Berge auf dem Ladentisch türmten, weckte er seinen Vater, der dann sein Portemonnaie zückte: »Daddy war bis zu seinem Tod 2011 einer meiner großen Unterstützer bei der Musik.« Zum Glück stand in Daddys Wohnung auch ein Klavier. Tagelang war George Bailey damit beschäftigt, jede einzelne Note zu spielen, die er aus dem *Music Store* getragen hatte. Sowieso gab er bei jedem Besuch ein Hauskonzert für Vaters Freunde. »Er war stolz, wenn er seinen Sohn präsentieren konnte. Obwohl ihn mein Klavierspiel an Mama erinnerte, das machte ihn ein bisschen traurig.«

Mit dem Flugzeug konnte George Bailey nicht alle Einkäufe mitnehmen, also mussten sie die Reise nach Deutschland alleine antreten, als dickes Paket, das meist einen Monat nach ihm selbst in Stuttgart eintraf. Musik, auf die er gar nicht mehr verzichten wollte, hatte er in Dallas sofort kopiert, damit die Wartezeit auf seine neuen Errungenschaften erträglicher würde. Aber wenn sie in der Moserstraße ankamen, war es wie Weihnachten. Er spielte alle Stücke so lange, bis er die perfekte Musik für jede Übung gefunden hatte, ob *Rond de jambe par terre*, ob *Grand battement jeté*. Und wenn er soweit war, fieberte er auf die erste Stunde hin wie auf eine Premiere. Die Tänzerinnen und Tänzer enttäuschten ihn nie, sondern bemerkten es sofort: »Oh George, schön, was Neues!«

Eigene Kompositionen im Training zu spielen, traute er sich in den ersten Jahren dagegen nur ganz selten, doch einmal hatte er einen Walzer komponiert, der perfekt passte, um *Pliés* zu trainieren. Also spielte er das Stück im Unterricht und dachte sich, er würde es nach der ersten Person benennen, die etwas zu seiner Musik sagen würde. Und tatsächlich: Nach dem Unterricht kam Tänzerin Pamela Ainsworth auf ihn zu und machte ihm Komplimente. Er nannte seine Komposition *PAM*. Als ihn Ludmilla Bogart, erst Tänzerin, später Charakterdarstellerin des *Stuttgarter Balletts* und die Patin von Pamelas Tochter Catherine, im Januar 2021 anrief, um ihn von Pams Tod zu unterrichten, erzählte er ihr von dem Stück, das er vor Jahrzehnten nach Pamela Ainsworth benannt hatte. Bogart und ihr Mann kamen bei ihm vorbei, und noch einmal spielte er seinen Walzer. Sie nahmen ihn mit dem Handy auf und schickten das Video an Catherine in London, die es an ihren Neffen weiterleitete. Er ist blind, spielt aber Klavier und seither jeden Tag Baileys Walzer.

Auch an ehemalige Tänzerinnen und Tänzer hat Ludmilla Bogart das Video gesandt, und so ging Baileys Walzer schließlich um die Welt.

Wenn George Bailey zu seiner Mutter nach Denver kam, hielt sie es nicht anders als der Vater: Sie organisierte Salons und George trat, gerne auch zusammen mit ihr, am Klavier auf. Und er überraschte Honeybunch regelmäßig mit Einladungen, ihn auf Reisen mit dem *Stuttgarter Ballett* zu begleiten. Zu ihrem 75. Geburtstag, 1993, schenkte er ihr einen Trip nach Südamerika: Am 2. April landete sie in Stuttgart, um neun Tage darauf mit ihm und der ganzen Kompanie nach Buenos Aires und weiter nach Rosario, Montevideo, Santiago de Chile, Caracas zu fliegen. Nach ihrer Rückkehr im Mai schrieb George Bailey in sein Tagebuch: »Sie war die beste Reisende der Gruppe. Kaum jemand konnte es glauben: Ihre Energie, ihr Enthusiasmus und ihr Vergnügen während der gesamten Reise.« Dank der Kollegen Glenn Prince, Friedrich Lehn und David Diamond konnte er viel Zeit mit ihr verbringen. Morgens spielte er das Training im Theater, manchmal noch eine Probe mit dem Tape, nachmittags gingen Mutter und Sohn zum Shopping und in die Museen, abends in die Vorstellung.

Nur ein Jahr später, zum 76. Geburtstag seiner Mutter, bestand sein Geschenk aus einer Reise nach Japan vom 10. April bis zum 2. Mai: Tokyo, Nagoya, Osaka. »Es war ihr Traum, nach Japan zu reisen.« Auf dieser Tour war Baileys freie Zeit begrenzt, weil er im Musical *On Your Toes* als Pianist auf der Bühne spielte. 18 Vorstellungen, er jedes Mal mit dabei und seine Mutter jeden Abend im Publikum. Noch ein Jahr später, 1995, reiste sie mit zu einem Gastspiel nach Israel. Tel Aviv, *Performing Art Center*: Sie war nicht die einzige Mutter im Publikum, zwei brasilianische Tänzerinnen hatten ebenfalls ihre Mütter dabei und auch Mark McClains Mutter aus New York hatte sich diese Tour nicht entgehen lassen wollen. Es war gar nicht ungewöhnlich, dass Familienmitglieder mit auf Tournee fuhren, sagt Ingrid Bruy, die als Geschäftsführerin und Administrative Leiterin die Gastspiele organisierte. »Manchmal waren auch Fans dabei. Anfangs hatten wir immer eine Chartermaschine.« Die beiden Amerikanerinnen verbrachten ihre Tage gemeinsam: Während ihre Söhne am Theater arbeiteten, kauften sie ein und machten Sightseeing, in Tel Aviv ebenso wie in Bethlehem und Jerusalem. Für George Bailey gab es eine handgewebte Caravan-Weste im Beduinenlook.

»Seine Mutter war toll. Sie war Georgies Mutter, das konnte man sofort sehen«, erinnert sich Reid Anderson. »Sie war genauso, wie Georges Mutter sein soll. So lieb und nett, aber ich glaube auch streng auf nette Weise.« Georges Cousine Vicki Morrison-Sloan meint, George und die Kompanie hätten Tante Marian wie eine Königin behandelt. Sie selbst erinnert sich noch daran, wie traurig sie war, als George von Zuhause wegging, um auf einem anderen Kontinent zu leben. Aber sie freute sich über seine Karten und Briefe, in denen er sein neues Leben beschrieb. »Ich erinnere mich an all seine Geschichten über die weltweiten Reisen des *Stuttgarter Balletts*. Ich habe das Gefühl, dass ich einige dieser Menschen wirklich kenne. Ich verehre meinen Cousin. Er ist immer noch der Bruder, den ich nie hatte, und ich quietsche vor Freude, wenn er kommt.« Und nachdem Tante Marian von ihren Besuchen zurückgekehrt sei, habe auch sie Familie und Freunde mit herrlichen Geschichten über ihre glorreichen Reisen erfreut. »Georgie und Tante Marian waren nicht nur Sohn und Mutter, sie waren auch beste Freunde«, meint Vickis Schwester Trudi. »Sie beteten sich gegenseitig an. Tante Marian schätzte ihre Reisen nach Deutschland, davon führte sie zahlreiche Fotobücher. Und die Kleider, die Georgie ihr kaufte – überaus exquisit! Er machte ihr Leben zu einem Märchen und verwöhnte sie total. Sie liebte jede Minute davon.«

Nach einer US-Tournee des *Stuttgarter Balletts* im April 2003 blieb George Bailey noch einige Tage in New York. Er wollte in einem Studio in Middleborough südlich von Boston sein erstes Solo-Album produzieren, mit *As Time Goes By*, *What a Wonderful World*, seinen Erkennungsmelodien, und *Waltz Cis-moll op. 64 Nr. 2* von Chopin, einer Hommage an seine Mutter. Und mit *My Honeybunch*, das er für sie komponiert hatte, nachdem sein Bruder gestorben war. Er fühlt sich wohl mit Traditionals, Jazz und ein bisschen Klassik. Am Vortag der Aufnahme konnte er stundenlang proben, solange er nur wollte, in einem Klaviergeschäft mitten in New York. Es gehörte Kalman Detrich, dem Vater des heutigen Ballettintendanten. Er hatte ein *Museum of the American Piano* gegründet, um die Geschichte des Klaviers zu bewahren. Dort restaurierte er, offerierte Kurse und Konzerte. Es gab genügend Platz, damit Bailey ungestört üben konnte. Alles lief, er war gut vorbereitet für seine erste und einzige Soloproduktion. »Papa Detrich hat meine ganze CD gerettet«, sagt Bailey. »Jedes Mal, wenn ich in New York war, habe ich ihn besucht und auch Mama Detrich.«

Erst kurze Zeit war George Bailey zurück in Deutschland, als ihm sein Onkel am Telefon eine traurige Botschaft überbrachte: Honeybunch lag im Sterben. Bailey flog erneut in die USA. Nachdem er am 17. Mai 2003 in Denver gelandet war, eilte er ins Krankenhaus. Er setzte sich zu seiner Mutter und sang ihr alle Lieder vor, die er aufgenommen hatte, angefangen mit *As Time Goes By*, *What a Wonderful World* und ja, *My Honeybunch*. Sie war nicht bei Bewusstsein, ob sie ihn hören konnte, weiß er nicht. So verabschiedete er sich von seiner Mutter. Dann fuhr er »völlig erledigt« in sein Elternhaus und legte sich ins Bett seines Bruders. Kurz vor vier am nächsten Morgen klingelte das Telefon. Es war das Krankenhaus, seine Mutter war gestorben. »Wollen Sie kommen?« – »Nein«, antwortete er. Er fühlte sich nicht dazu imstande. »Nein, jetzt nicht.« Er hatte sich schon verabschiedet. Er lief ins Wohnzimmer, als plötzlich alle Lichter im Haus angingen: »Das war ein bisschen *spooky*.« Jeden Morgen um vier war seine Mutter aufgestanden, hatte gebetet und in der Bibel gelesen, seit sie als Kind nachts aufgewacht war, als befreundete Jazzmusiker nach ihren Auftritten ins Haus ihrer Eltern gekommen waren, um dort gleich dic nächste Session zu veranstalten. In jener Nacht war es nur die Zeitschaltuhr, die das Haus zum Leuchten gebracht hatte. Aber für George Bailey war es, als wäre seine Mutter vorbeigekommen, noch einmal, um »Auf Wiedersehen« zu sagen.

21.

Fünf Minuten oder – wie Georgette Tsinguirides sagt – zwei *Grands Jetés* vom Opernhaus entfernt, wohnt George Bailey. Durch die Rotunde der Staatsgalerie, vorbei am Café-Restaurant *Fresko*, durch den Fußgängertunnel unter der Konrad-Adenauer-Straße hindurch, wo er einst die Hexenlache für *Gaîté Parisienne* probte, dann rechts zum Künstlereingang des Opernhauses. Das war bis 2013 sein Weg, dann ging er in Rente. Aber an einem Sonntagmorgen macht sich George Bailey auf ins Opernhaus, ein kleiner Rundgang nur, noch einmal nachspüren, wie es sich anfühlte, dieses Leben damals, als es sich noch von morgens bis abends im Theater abspielte.

George Bailey hält ein Tütchen in der Hand, selbstgebackene *Cookies*. Er hofft, dass Lothar Feustel an der Pforte sitzt. Und Lothar Feustel sitzt an der Pforte. »Georgie!«, ruft er und kommt aus seiner Loge in den Flur gelaufen. Das gibt es nicht! Kann man so viel Glück haben?

Seit 1981 arbeitet Feustel an der Pforte und seither kennt er George Bailey. Schon sehr lange also, nicht besonders gut, aber doch genug, um sagen zu können: »Ich habe noch nie einen so lieben Menschen wie George kennengelernt, ganz ehrlich.« So viel Herzlichkeit, Zugewandtheit, Wärme. »Perfekt«, findet Feustel. Abgesehen von seinem Können, klar, aber das meint er gar nicht, sondern »das Menschliche«. Zu Weihnachten habe George immer kleine Geschenke mitgebracht. So wie heute. Und Feustel selbst hat George einmal ein *ginger bread house*, ein Lebkuchenhaus, geschenkt. »Kleine Dinge haben mir immer besonders viel bedeutet«, sagt Bailey. »Vielleicht, weil ich im Herzen ein Kind bin und immer bleiben möchte.«

Jetzt nach rechts, vorbei am früheren Zimmer des Musikdirektors. Fünfzig Jahre ist es her, dass George Bailey hier sein Vorspiel hatte bei John Cranko und Ashley Lawrence, nach dem ihm ein Job angeboten wurde, den er sofort annahm, obwohl er gar nicht wusste, was ein Korrepetitor war. »Ein komisches Gefühl, wieder hier zu sein«, findet Bailey und lässt seine Unterlippe zittern wie vor Kälte oder Aufregung. Weiter den Flur entlang, dann nach links, zur Sologarderobe. Darin durfte sich der Pianist niederlassen, wenn er bei einer Vorstellung mit dabei war, wie in der *Kameliendame* als Assistent des Auktionators. Und wenn *Die Kameliendame* erneut auf den Spielplan kommt, wird Bailey wieder hier einziehen.

Die Solisten des Abends und er zusammen in einer Garderobe. Bei der *Kameliendame* also mit dem Darsteller des Armand. Bei der Uraufführung tanzte Egon Madsen die männliche Hauptrolle, inzwischen ist Friedemann Vogel die erste Besetzung. »George ist immer sehr aufgeregt vor einer Vorstellung, sehr in sich gekehrt«, sagt Vogel. »Gar nicht so, wie man George kennt. Er konzentriert und sammelt sich.« Da habe jeder seine eigene Weise, sich auf die Vorstellung vorzubereiten. Friedemann Vogel kommt immer erst kurz vor Beginn. Wenn ihm zu viel Zeit bleibe, fange er an, zu viel nachzudenken. Für ihn sei das nicht gut. »Und George braucht die Ruhe und Konzentration.« Der Erste Solist kann sich nicht daran erinnern, dass George auch nur eine Vorstellung der *Kameliendame* verpasst hätte. Doch, sagt Bailey, drei- oder viermal habe jemand anders seine Rolle übernommen. Aber Bailey war immer dabei, wenn Friedemann Vogel tanzte: »Wenn George da ist, weiß man: Jetzt läuft alles. Bei Marcia ist das genauso.« Wenn sie plötzlich vor der Vorstellung in der Kulisse steht oder in der Loge sitzt, hat Friedemann Vogel das Gefühl, dass jetzt nichts mehr schiefgehen kann. Das gibt ihm Kraft, Energie und Ruhe. »George ist

Vor der Vorstellung der *Kameliendame* in der Garderobe: der Erste Solist Friedemann Vogel als Armand und George Bailey als Assistent des Auktionators

vielleicht auch so eine Art Kraftort, den man bei sich hat. Oder so ein Glücksbringer.«

Weiter, ein kurzer Blick nach links zur Bühnenmaschinerie. Wenn George Bailey so durch die Flure des Opernhauses läuft, kommt ihm wieder in den Sinn, dass hier ein *Tatort* gedreht wurde, 2003 war das, ein Jahr später wurde er ausgestrahlt: ein Mord im Opernhaus bei der Premiere von *Don Giovanni*. George Bailey hat mit- und sich selbst gespielt: Der Korrepetitor probt mit einer Opernsängerin, die so aufgedreht ist, dass er ihr einen Beruhigungstrunk reicht. So stand es im Drehbuch. Aber die Zuschauer sollten glauben, er hätte Gift beigemischt. Als Kommissar ermittelte Dietz-Werner Steck alias Bienzle, den George Bailey schon seit Jahren von seiner *Christmas Party* kannte. Felix Huby hatte George Bailey bei einer Veranstaltung in Berlin kennengelernt. Ob er nicht einmal im *Tatort* mitspielen möge, hatte ihn der Drehbuchautor gefragt. Und Bailey hatte zurückgefragt: »Brauchen Sie eine Leiche?« Ach wo, er werde Bailey als Charakter ins Drehbuch schreiben. Zwei Jahre später stand George Bailey für ihn vor der Kamera.

Bailey biegt ab auf die Bühne. Hier war er versteckt, direkt hinter dem Bühnenrand, unsichtbar für das Publikum, und leuchtete mit einer winzigen Taschenlampe seine Partitur an, im letzten Akt von Crankos *Schwanensee*, wenn Prinz Siegfried zum Seeufer eilt, um Odette zu finden, während Zauberer Rotbart ein Unwetter hereinbrechen und den See über die Ufer treten lässt. Noch bevor Siegfried in den Fluten ertrank, drückte Bailey mit seinem rechten Zeigefinger auf die Taste der »Donnermaschine«, wie er das Tongerät nennt. Der Donner grollte in all den Jahren zuverlässig. Bailey fand das klasse, weil er wusste: Gleich würde das Publikum zusammenzucken. »Drama muss sein. Das ist ja Teil des Theaters, der *imaginary world*.«

Auf in den Zuschauerraum, 1404 leere Stühle, einige mit schwarzen Tüchern abgehängt wegen der Abstandsregeln, ein leerer Orchestergraben. Nur einige Bühnenarbeiter bauen gerade an einer Opernkulisse. »George!«, rufen sie und wie schön es sei, ihn zu sehen. Wenn die Kompanie den Ballettsaal verließ, um mit Orchester auf der Bühne zu proben, saß George Bailey als Korrepetitor in der ersten Reihe, genau in der Mitte, hinter dem Dirigenten. Zuvor hatten sie bereits die Partitur durchgesprochen; nun hielt Bailey in der einen Hand seinen *Score*, mit *Dancer counts* und *Steps*, in der anderen die Orchesterpartitur. Und wie er da saß, war Bailey nicht nur nahe am Dirigenten, sondern konnte auch die Anweisungen von Ballettmeister oder Choreografen auf der Bühne hören: »*Start at that point!*« oder »*Start with this count and give a preparation before!*« Dann wusste Bailey sofort, an welcher Stelle es losgehen sollte, er kannte ja die Choreografie in allen Details, und nannte dem Dirigenten die Nummer in der Orchesterpartitur. Das war Baileys Job. Und die Tempi: ein bisschen schneller, ein bisschen langsamer, ein bisschen ruhiger. George Bailey hatte die Solistinnen und Solisten oft genug bei ihren Proben begleitet, um ihre unterschiedlichen Tempi genau zu kennen. Nach den Proben im Ballettsaal, wo er alleine für die Musik und die Harmonie mit den Tänzern verantwortlich gewesen war, übergab er die Verantwortung nun an den Dirigenten. Und manchmal musste George Bailey dabei auch vermitteln zwischen den Persönlichkeiten auf und vor der Bühne: »Wir sind die *Peacemaker* zwischen Stars und Stars: Musikern und Balletttänzern, Musikern und Choreografen. *Crazy world*. Das muss man aushalten. Halleluja! Aber mit Humor und Musik geht das besser.«

Während einer Vorstellung mit Tonband war Baileys Platz die Tonloge hinter dem Publikum mit bestem Blick auf die Bühne und über Kopfhörer mit dem Inspizienten verbunden. Das Signal für den ersten Tonbandeinsatz kann der Inspizient selbst geben. Wenn aber der Ton während des Stücks pausierte und man wissen musste, bei welcher Bewegung er wieder einsetzte, oder wenn die Vorstellung durch Applaus unterbro-

Mit Egon Madsen in Stuttgart, 2020

chen wurde, war es an Bailey oder den anderen Korrepetitoren, den richtigen Augenblick für den Wiedereinsatz zu bestimmen. Auch bei Gastspielen, wenn kein Orchester mitreiste und auch vor Ort keines aufspielte, die Musik also nur aus dem Off ertönte, saß Bailey in der Tonloge. Sogar bei abendfüllenden Handlungsballetten wie *Romeo und Julia*, *Onegin* oder *Der Widerspenstigen Zähmung* konnte das vorkommen. Sein treuer Begleiter auf Tourneen war dabei Doggie, eine dicke Metallkiste auf vier Rädern, in der sich Tonbänder, Kassetten, Partituren, Klavierauszüge für das Training, Kassettenrekorder mit Lautsprechern stapelten. Es war die Zeit von Tonbändern und Kassetten; CDs und DVDs kamen erst später, bevor dann schließlich alles über den Computer lief. Wer ihr den Namen *Doggie* gegeben hatte, weiß Bailey gar nicht mehr, jedenfalls ruckelte sie zuverlässig wie ein braver Vierbeiner hinter ihm her. Bei jedem Gastspiel wurde ein Musiker bestimmt, der für Doggie verantwortlich war.

Zurück ins Stuttgarter Opernhaus: Da liebt es George Bailey, durch die Wandelhalle zu flanieren und weiter durch die Glasrotunde im Innenhof des alten Gemäuers mit dem weißen, glatten, kühlen Marmor. Überall verwaiste Garderoben in den Rängen. Er habe alle Damen des Abendpersonals mit Namen gekannt, sagt Bailey. Es sei wichtig, alle wahrzunehmen, sie alle trügen zum Erfolg eines Theaterabends bei. Wenn er einmal keine Karte für eine Vorstellung bekommen hatte, weil sie ausverkauft war, und das war nicht selten der Fall, stellte ihm eine Garderobenfrau im zweiten Rang einen Stuhl bereit, selbstverständlich erst, nachdem das Publikum schon Platz genommen hatte. Auf diese Weise war George Bailey bei fast jeder Ballettvorstellung dabei.

Jetzt geht es weiter bis ganz nach oben unters Dach zum Übungsraum der Pianisten, »Aufgang zum Musikzimmer« steht auf einem Schild. »Die meisten Leute haben dieses Zimmer gar nicht gekannt.« Eine schmale Treppe führt hinauf; ohne elektrisches Licht wäre hier nichts zu sehen, nicht einmal die Regentonne direkt neben der Treppe, in die Wasser hineintropft, weil das Dach undicht ist. Aber oben in diesem kleinen Raum, der fast vollständig von einem Flügel ausgefüllt wird, konnte Bailey ungestört üben. Unzählige Stunden hat er hier verbracht. Manchmal fühlte er sich noch nicht gut genug vorbereitet, wenn eine Probe anstand: »Dann habe ich geübt, geübt, geübt – und gebetet. Und eigentlich ist es immer gut gegangen.«

Die Treppe wieder hinab, in einen der drei Ballettsäle. Er hat ja nicht nur Training und Proben begleitet, George Bailey war auch Klavierlehrer. Manchmal kamen Tänzerinnen und Tänzer auf ihn zu und sagten: »Oh, das will ich auch spielen können.« – »Okay«, sagte er dann und gab ihnen Klavierunterricht, begann bei den Basics mit einigen Fingerübungen, was sie nicht so prickelnd fanden: »Ich will aber spielen, was du gespielt hast«, bekam er dann zu hören. Also brachte er den meisten nur das Stück bei, das sie spielen wollten. »Dann waren sie glücklich.« So lief der Klavierunterricht bei den Tänzern. »Die Tänzer wollten einfach hinsitzen und spielen«, sagt Bailey. »Aber so geht das leider nicht. Ich habe immer versucht, dass sie ein kleines Lied spielen konnten, in der Hoffnung, dass sie dann Interesse haben, weiterzumachen. Aber das war nicht so einfach.« Mark McClain war da eine Ausnahme: Immerhin ein Jahr lang ließ er sich von George Bailey unterrichten, so regelmäßig, wie es eben möglich war neben dem Ballett.

George Bailey war auch der erste und einzige Klavierlehrer von Jean Christophe Blavier: »Ich war 18 Jahre alt, ich hatte zu wenig Zeit und zu wenig Disziplin. Und ich glaube, George war nicht streng genug für mich. Ich hätte jemanden gebraucht, der sagt: ›Du machst das oder du fliegst raus!‹« Und auch Egon Madsen erinnert sich noch gut an seinen Unterricht bei dem Pianisten: »Das war eine Katastrophe«, findet er selbst. Madsen ist überaus musikalisch; wenn er Musik hört, kann er sich sofort darauf bewegen. »Aber Noten, die kannte ich nicht und habe ich auch nie gelernt. George hatte schon ein bisschen Probleme mit mir. Es war kein großer Aufbau möglich«, sagt er und lacht. Heute bereut Madsen, dass er nicht durchgehalten hat. In seinem Haus in Italien steht ein schönes altes Klavier von der Familie seiner Frau, Lucia Isenring, ehemals Erste Solistin. Doch seit der Sohn aus dem Haus ist, steht es nur noch da und schweigt. »Wenn ich das sehe, denke ich an George.« Gerade jetzt im Alter, wo er Zeit hätte, könnte er abends hier sitzen und »ein kleines Lulululululu« spielen. Wenn es draußen regnet, denkt er, ach, hätte ich doch bei George weitergemacht. Seine Frau meinte, er könne doch wieder anfangen, Unterricht zu nehmen. Noch ist es nicht soweit, aber vielleicht irgendwann.

George Bailey erinnert sich noch gut daran, wie er hier im Ballettsaal am Flügel saß mit seiner Oshkosh-Latzhose. Für den Rundgang hat er sie sogar mitgebracht in seinem roten Rucksack. Er packt sie aber nicht mehr aus; er zieht sie nicht noch einmal an. Das war nur so eine Idee, als er sich morgens aufgemacht hat von seiner Wohnung ins Opernhaus. »Die anderen Pianisten hatten einen Vertrag und haben gespielt. Aber für George spielte sein ganzes Leben in diesem Haus.« So sieht das Marcia Haydée. »Das war nicht ein Job. Das war sein Leben, die Menschen glücklich zu machen.«

George Bailey und Marcia Haydée am 90. Geburtstag von Georgette Tsinguirides, 2018

22.

Morgens hört er Klassik-Radio. Das bringt die richtige Schwingung und Stimmung. Und doch wäre es nur ein unvollständiger Start in den Tag ohne seine *Daily Words*. In der Küche liegt das Büchlein, aus dem er seine tägliche Lektion erhält. Jeden Morgen ein Bibelvers, das regt ihn an. Immer ein anderes Thema: *Joy*, *Patience*, *Peace*, *Release*, samt einer kleinen Geschichte. Seine Cousine Trudi schickte es ihm; sie hat den geistlichen Lieferservice übernommen. Seine *Daily Words* gehörten schon als Kind zu George Baileys Leben. Aus seinem Glauben erwächst seine Zuversicht, seine Dankbarkeit und seine Demut. »*Counting my blessings*«, das macht er unablässig. Dazu braucht er keine Kirche mehr. »Ich trage die Kirche bei mir«, sagt Bailey.

Den Worten folgen Schritte. George Bailey zieht seine Laufklamotten an, neuerdings in gelber Signalfarbe, spurtet in die Urbanstraße und weiter durch den Schlossgarten. Eine halbe Stunde Richtung Rosensteinpark, eine halbe Stunde zurück. Dieses Programm nennt er *JWWGIP*: *Jog walk with God in park*. Auf dem Rückweg setzt er sich ins Café-Restaurant *Fresko*, wenn es nicht gerade wegen Corona geschlossen ist, nicht an einen Tisch, sondern an den Flügel, um in seiner knallgelben Laufkleidung eine Stunde lang zu üben. Früh am Morgen ist er dort meistens noch allein. So beginnt sein Werktag, seit dem 25. Juli 2013. Einen Tag zuvor war sein Finale im Opernhaus, nach 41 Jahren.

Aber eigentlich hat George Bailey nie richtig aufgehört. Als Egon Madsen 2015 mit Julia Krämer, Marianne Kruuse und

Thomas Lempertz im Stuttgarter *Theaterhaus Greyhounds* produzierte, rief er George Bailey an, um ihn zu fragen, ob er nicht zum Training spielen könne. Da musste Bailey nicht lange überlegen. »Es war so lustig«, erinnert sich Madsen, »das hat gut gepasst.« Wenn Egon Madsen wieder eine Produktion hätte, würde er George erneut anrufen. »George mit seiner Leichtigkeit und Musikalität.«

Und mitten in der Pandemie meldete sich Patrick Teschner, Ballettmeister am *Gärnterplatztheater* in München, um ihm zu sagen: »George, dein Vertrag ist da.« Bailey ist dort zweimal im Jahr Gastpianist – aber erst, wenn die Corona-Zeit vorbei ist, wird er in München wieder in die Tasten greifen.

Am *Landestheater Coburg* hört man George Bailey im Balletttraining, ohne dass er live am Klavier säße. Er hat eine CD produziert mit Musik für die Ballettstunde. Einige Jahre ist es schon her, dass er nach Coburg reiste und einen Nachmittag lang diese Aufnahme machte. »George kam, hatte alles vorbereitet, tausend Hefte dabei, so wie immer«, erinnert sich Ballettdirektor Mark McClain. Jetzt ist die CD fertig, endlich. »Ich lege sie rein, wenn wir keinen Pianisten haben, damit die Tänzer morgens aufwachen. Es fängt an mit einem Gershwin-Medley, alle lieben das: Oh, Gershwin!« Jazzstandards wie *Ain't Misbehavin'* von Fats Waller hat George Bailey aufgenommen und eigene, neue Kompositionen. Das Leben sei wie ein Klavier, findet George Bailey. Was man davon habe, hänge davon ab, wie man es spiele. »Die Liebe zu meinem Klavierspiel zeigt sich vielleicht darin, wie ich spiele.« Mark McClain hat das von Bailey gelernt: »Man entscheidet selbst, ob man glücklich ist oder nicht.« Wie man Dinge angehe, wie man das Leben sehe und nehme: so oder so. »Das hat George für sich entschieden. Und es funktioniert.«

Was ihm nicht guttut, lässt George Bailey los. Dabei hilft es ihm, wenn er Tagebuch schreibt. Er beginnt damit, dass er nicht nur das Datum, sondern auch die Uhrzeit notiert. Das erste Wort besteht aus verspielten, gefüllten Buchstaben, dann schreibt er weiter, nicht nur Zeile für Zeile, von links nach rechts. Manchmal formuliert er spiralförmig, in einem Buchstabenstrudel, manchmal diagonal. Oder er füllt eine Seite mit zwei Spalten, erst von oben nach unten, um dann, sozusagen auf dem Kopf, von unten nach oben zurückzukehren. In unterschiedlichen Farben, wie es ihm gefällt, setzt er seine Gedanken, Erinnerungen, Erlebnisse als kleine grafische Kunstwerke aufs Papier. Damit entlasse er sie aus seinem Kopf und müsse sie nicht mehr mit sich herumtragen: »Vergiss nicht, den Müll rauszubringen, der dich belastet! Werfe ihn weg, er verursacht Bitterkeit im Herzen und der Seele! Er bringt nur Trauer, Leid, Schmerz. Man kommt weiter mit einem Lächeln, einem Lied, einem Gebet, einer Melodie im Herzen.« Das hat er auch einmal aufgeschrieben. Und gleich danach: »Lachen ist etwas, das ich mein ganzes Leben lang geschätzt habe. Ich liebe es, zu lachen. Lachen verbindet, heilt und ist Nahrung für die Seele. Kannst du dir die Kraft einer Nation vorstellen, die gemeinsam lacht? Lachen wird vielleicht unterschätzt. Aber durch Lachen lässt sich die leichtere Seite des Lebens sehen.«

Das schätzt auch Mark McClain an ihm. Längst hätte er George Bailey wieder eingeladen, wenn die Pandemie nicht wäre, um einige Tage als Gastpianist in Coburg zu spielen und auch um eine zweite CD aufzunehmen. Klar, es gäbe viele andere Pianisten, die der Ballettdirektor einladen könnte. »Aber wenn George spielt, ist da was in der Musik, und alle sind glücklich. Ob er aus dem Jazzrepertoire spielt oder aus dem Opernrepertoire oder aus dem Ballett: Man hört, dass George spielt. Es ist leichter zum Springen, besser zum Drehen, interessanter zum Tanzen, auch für langsame Sachen. Ich muss die Tänzer immer wieder anschubsen und sagen: ›Auch wenn es Adagio ist, wir tanzen.‹ Mit Georges Musik muss man sie nicht so trietzen, da haben sie den Antrieb von alleine, er kommt aus der Musik.«

Mark McClain findet das großartig. »Morgens brauchen wir Hilfe beim Training. Wenn wir anfangen, ist es immer am schwersten, da braucht man die richtige Musik. Und George hat das raus. Dann haben wir Spaß.« Und ohne Spaß sei es viel zu viel Arbeit. »Manche Pianisten fangen an wie wir. Das hilft nicht viel.« Mark McClain lacht, aus vollem Herzen. George Bailey stimmt ein. Aus den Tiefen seines Körpers schleudert er sein Lachen heraus. »*Amazing*«, jauchzt er.

Bildnachweise:

Alicia Amatriain: S. 209
Gundel Kilian: S. 90, 158, 173, 176, 178
Hannes Kilian: S. 96
Roman Novitzky: Coverbild, S. 101
Leslie E. Spatt: S. 89
Kiran West: S. 128
Susanne Wiedmann: S. 26, 68, 71, 137, 170, 171, 190, 194, 226
Stuttgarter Ballett: S. 167
Privatarchiv George Bailey: S. 11, 13, 14, 15, 17, 21, 28, 34, 35, 40, 41, 43, 48, 55, 59, 74, 106, 120, 123, 153, 155, 162, 204, 223, 229

Nicht bei allen Fotografien konnten die Rechteinhaber ausfindig gemacht werden. Im berechtigten Fall bitten wir um Mitteilung an den Verlag.

Dank

George Bailey schenkte mir sein volles Vertrauen und ausgiebig Zeit für Interviews. Uneingeschränkt gewährte er mir Einblicke in seine Tagebücher, Dokumente und Fotoalben. Die englischen Originaltexte aus George Baileys Tagebüchern und die zitierten Briefe und Karten habe ich ins Deutsche übersetzt.

Alle Interviewpartnerinnen und -partner erzählten mir ebenso offen wie herzlich von ihren Eindrücken und Erinnerungen an George Bailey:

Aus dem *Stuttgarter Ballett* (in alphabetischer Reihenfolge):
- Alicia Amatriain, Erste Solistin
- Reid Anderson, ehemaliger Ballettintendant
- Jean Christophe Blavier, ehemaliger Erster Solist und Choreograf, heute Dokumentarfilmer und Gartengestalter
- Ingrid Bruy, ehemalige Balletadministratorin und Geschäftsführerin
- Ivan Cavallari, ehemaliger Erster Solist, heute künstlerischer Leiter der *Les Grands Ballets Canadiens de Montréal*
- Tamas Detrich, Ballettintendant
- Marcia Haydée, ehemalige Primaballerina und Stuttgarter Ballettdirektorin, heute Ballettdirektorin in Santiago de Chile
- Birgit Keil, ehemalige Erste Solistin
- Vladimir Klos, ehemaliger Erster Solist
- Egon Madsen, ehemaliger Erster Solist

– Mark McClain, ehemaliger Erster Solist, heute Ballettdirektor am *Landestheater Coburg*
– Georgette Tsinguirides, ehemalige Choreologin
– Friedemann Vogel, Erster Solist

Und:
– John Neumeier, Chefchoreograf und Intendant des *Hamburg Ballett*
– Lothar Feustel, Pförtner im Stuttgarter Opernhaus

Aus Georges Familie: Ehemann Albrecht Mayer und die Cousinen Trudi Morrison-Davis und Vicki Morrison-Sloan
Georges Freunde und Musikerkollegen Oral Moses und Purnell Steen

Weiterer Dank geht an:
– Roman Novitzky, Erster Solist des *Stuttgarter Balletts* und Fotograf; Gundel Kilian, Fotografin; Vivien Arnold, Direktorin Kommunikation und Dramaturgie, und ihre Kollegin Meriel Wille; Sonia Santiago, Projektleiterin *Noverre: Junge Choreographen*, und Richard Gilmore, ehemaliger Tänzer und Physiotherapeut des *Stuttgarter Balletts*.
– Gabi Schweizer, Ina Ludwig und Ulrike Sander
– Hubert Klöpfer, Programmleiter der Edition Klöpfer bei Kröner, der sich sofort für das Buchprojekt begeistern ließ.
– meinen Mann, Hans-Joachim Lang, der alle Phasen meines Buchprojekts aufmunternd begleitete.

KRÖNEREDITION**KLÖPFER**

Bereits erschienen:

Tina Stroheker
Hana oder Das böhmische Geschenk · Ein Album
160 Seiten, Ganzleinen mit Lesebändchen

Joachim Zelter · **Die Verabschiebung** · Roman
160 Seiten, Halbleinen mit Lesebändchen

Daniela Engist · **Lichte Horizonte** · Roman
200 Seiten, Halbleinen mit Lesebändchen

Peter Blickle · **Andershimmel** · Roman
320 Seiten, Halbleinen mit Lesebändchen

Gert Ueding · **Herbarium, giftgrün** · Roman
336 Seiten, Halbleinen mit Lesebändchen

Johannes Schweikle · **Grobe Nähte**
Roman einer deutschen Stadt
240 Seiten, Halbleinen mit Lesebändchen

Sibylle Schleicher · **Die Puppenspielerin** · Roman
272 Seiten, Halbleinen mit Lesebändchen

Otto A. Böhmer
Auf das, was da noch war · Roman
282 Seiten, Halbleinen mit Lesebändchen

Walle Sayer · **Nichts, nur** · Gedichte und Miniaturen
240 Seiten, Ganzleinen mit Lesebändchen

Bernd Storz · **Sommergespräche** · Gedichte
144 Seiten, Fühlkarton mit Lesebändchen